O desaparecimento dos rituais

Dados Internacionais de Catalogação na Publicação (CIP)
(Câmara Brasileira do Livro, SP, Brasil)

Han, Byung-Chul
  O desaparecimento dos rituais : Uma topologia do presente / Byung-Chul Han ; tradução de Gabriel Salvi Philipson. – Petrópolis: Vozes, 2021.

  Título original: Vom Verschwinden der Rituale

  5ª reimpressão, 2025.

  ISBN 978-65-5713-248-7

  1. Filosofia e disciplinas relacionais 2. Comunidades 3. Individualismo 4. Narcisismo 5. Ritos e cerimônias 6. Rituais – Aspectos sociais 7. Simbolismo I. Philipson, Gabriel Salvi. II. Título.

21-67206 CDD-307.23

Índices para catálogo sistemático:
  1. Ritos e cerimônias : Comunidades : Sociologia 307.23

Maria Alice Ferreira – Bibliotecária – CRB-8/7964

BYUNG-CHUL HAN
O desaparecimento dos rituais
Uma topologia do presente

Tradução de Gabriel Salvi Philipson

Petrópolis

© by Ullstein Buchverlage GmbH, Berlin. Publicado em 2019
por Ullstein Verlag

Tradução do original em alemão intitulado *Vom Verschwinden der Rituale – Eine Topologie der Gegenwart*

Direitos de publicação em língua portuguesa – Brasil:
2021, Editora Vozes Ltda.
Rua Frei Luís, 100
25689-900 Petrópolis, RJ
www.vozes.com.br
Brasil

Todos os direitos reservados. Nenhuma parte desta obra poderá ser reproduzida ou transmitida por qualquer forma e/ou quaisquer meios (eletrônico ou mecânico, incluindo fotocópia e gravação) ou arquivada em qualquer sistema ou banco de dados sem permissão escrita da editora.

CONSELHO EDITORIAL	PRODUÇÃO EDITORIAL
Diretor	Aline L.R. de Barros
Volney J. Berkenbrock	Anna Catharina Miranda
	Eric Parrot
Editores	Jailson Scota
Aline dos Santos Carneiro	Marcelo Telles
Edrian Josué Pasini	Mirela de Oliveira
Marilac Loraine Oleniki	Natália França
Welder Lancieri Marchini	Priscilla A.F. Alves
	Rafael de Oliveira
Conselheiros	Samuel Rezende
Elói Dionísio Piva	Verônica M. Guedes
Francisco Morás	
Teobaldo Heidemann	
Thiago Alexandre Hayakawa	

Secretário executivo
Leonardo A.R.T. dos Santos

Diagramação: Sheilandre Desenv. Gráfico
Revisão gráfica: Jaqueline Moreira
Capa: Editora Vozes

ISBN 978-65-5713-248-7 (Brasil)
ISBN 978-3-5500-5071-8 (Alemanha)

Este livro foi composto e impresso pela Editora Vozes Ltda.

Sumário

Observação prévia, 7

Coação de produção, 9

Coação de autenticidade, 31

Rituais da conclusão, 47

Festa e religião, 61

Jogo de vida e morte, 77

Fim da história, 91

Império dos signos, 99

Do duelo à guerra de drones, 113

Do mito ao dataísmo, 125

Da sedução ao pornô, 139

Bibliografia, 149

Observação prévia

Os rituais não assinalam, no presente ensaio, um local de saudosismo. Servem, ao contrário, como contraponto perante o qual nosso presente se delineia de modo mais nítido. É sem nostalgia que se esboçará uma genealogia do desaparecimento que, não obstante, não será interpretada como história da emancipação. Ao decorrer disso, serão delineadas patologias do presente, sobretudo a erosão da comunidade. Reflete-se, desse modo, a respeito de outras formas de vida que seriam capazes de libertar a sociedade de seu narcisismo coletivo.

Coação de produção

Rituais são ações simbólicas. Transmitem e representam todos os valores e ordenamentos que portam uma comunidade. Geram uma *comunidade sem comunicação*, enquanto hoje predomina uma *comunicação sem comunidade*. A *percepção simbólica* é constitutiva dos rituais. O símbolo (em grego, *symbolon*) significa originalmente o sinal de reconhecimento entre amizades hóspedes (*tessera hospitalis*). Um dos amigos quebra a téssera, guardando para si uma metade e dá ao outro amigo a outra como sinal de hospitalidade. O símbolo serve, assim, ao reconhecimento. Este é uma forma particular de repetição: "reconhecer não é: ver algo mais uma vez. Reconhecimentos não são uma série de encontros, mas reconhecer se chama: reconhecer algo como aquilo que já se conhece. Distingue o próprio processo humano de 'encasamento'– uma palavra de

Hegel que uso nesse caso –, de modo que todo e qualquer reconhecimento já se liberou da contingência da primeira tomada de conhecimento e se elevou ao ideal. Todos conhecemos isso. No reconhecimento reside sempre o fato de que se conhece agora mais propriamente do que era possível na inibição momentânea do primeiro encontro. Reconhecer avista o permanente no fugaz"[1]. A percepção simbólica, na condição de reconhecimento, percebe o permanente. O mundo é, desse modo, liberado de sua contingência e ganha algo permanente. O mundo hoje está muito desprovido de simbólico. Dados e informações não possuem força simbólica. Assim, não admite reconhecimento. No vazio simbólico, todas as imagens e metáforas que provocam sentido e comunidade e que estabilizam a vida têm se perdido. A experiência da duração tem diminuindo. E a contingência aumenta radicalmente.

Rituais podem ser definidos como *técnicas simbólicas de encasamento*. Transformam o estar-no-mundo em um *estar-em-casa*. Fazem

---

1 Hans-Georg Gadamer: *Die Aktualität des Schönen*. Kunst als Spiel, Symbol und Fest. Stuttgart, 1977, p. 62.

do mundo um local confiável. São no tempo o que uma habitação é no espaço. Fazem o tempo se tornar *habitável*. Sim, fazem-no *viável* como uma casa. Ordenam o tempo, mobiliam-no. Em seu romance *Cidadela*, Antoine de Saint-Exupéry descreve os rituais como *técnicas temporais do* encasamento: "e os ritos são no tempo o que o lar é no espaço. Pois é bom quando o tempo que passa não nos pareça algo que nos gasta e destrói, como a um punhado de areia, mas como algo que nos realiza. É bom que o tempo seja uma construção. É assim que eu ando de festa em festa, de aniversário em aniversário, de vindima em vindima, como quando eu era criança e ia da sala do conselho até à sala do repouso, na densidade do palácio de meu pai, em que todos os passos tinham um sentido"[2]. Ao tempo falta hoje a estrutura firme. Ele não é uma casa, mas um fluxo volúvel. Desintegra-se em mera sucessão de presentes pontuais. Ele se esvai. Nada lhe dá uma *parada* [*Halt*]. O tempo que se esvai não é *habitável*.

---

2 Antoine de Saint-Exupéry: *Die Stadt in der Wüste*. Citadelle. Frankfurt am Main, 1996, p. 26s.

Rituais estabilizam a vida. Parafraseando o texto de Antoine de Saint-Exupéry, é possível dizer: *Os rituais são na vida o que as coisas são no espaço.* Para Hannah Arendt, é a *conservação [Haltbarkeit] das coisas* que outorga a elas uma "independência da existência dos seres humanos". As coisas têm "a tarefa de estabilizar a vida humana". Sua objetividade consiste em que "apresentem uma mesmidade humana [...] à modificação torrencial da vida natural", ou seja, apresentam uma identidade estabilizante "derivada do fato de que são a mesma cadeira e a mesma mesa que aguardam, com familiaridade permanente, os humanos que se modificam a cada dia"[3]. As coisas são refúgios estabilizadores da vida. Os rituais têm a mesma função. Pela sua *mesmidade*, sua *repetição*, estabilizam a vida. Tornam a vida *suportável [haltbar]*. A coação atual de produção toma das coisas sua conservação. Ela destrói deliberadamente a duração com o intuito de produzir mais e de forçar mais o consumo. A *perma-*

---

3 Hannah Arendt: *Vita activa oder Vom tätigen Leben*. Munique, 2002, p. 163.

nência, contudo, pressupõe coisas que *durem*. Se as coisas são apenas exauridas e consumidas, a permanência já não é mais possível. E a mesma coação de produção desestabiliza a vida, na medida em que desmonta seu caráter *duradouro*. Destrói, assim, a *conservação da vida*, ainda que a prolongue.

O *smartphone* não é uma coisa no sentido de Hannah Arendt. Falta-lhe justamente a mesmidade que estabiliza a vida. Também não é especialmente suportável. Ele se distingue de coisas que, como uma mesa, me confrontam com sua mesmidade. Seus conteúdos midiáticos, que apreendem nossa atenção, são qualquer outra coisa do que conteúdos propriamente ditos. Sua alternância rápida não nos permite *permanecer*. A agitação inerente ao aparato faz com que ele vire uma não-coisa. É-se coagido a tocá-lo. De coisas, contudo, não deveria partir qualquer coação.

São formas rituais, como a polidez, que tornam possível não apenas um belo trato interpessoal, como também um belo trato, conservativo, com as coisas. No âmbito ritual, as coisas não são consumidas ou exauridas, mas *usadas*. De modo que podem também *envelhecer*. Sob a coação da produção, contudo, nosso comportamento exaure, em vez de usar, as coisas, o mundo diante de nós. Em contrapartida, elas nos *exaurem*. Exaurimento indiscriminado nos envolve com o desaparecimento que desestabiliza a vida. Práticas rituais zelam para que tratemos e ressoemos belamente não apenas outras pessoas, mas também as coisas: "Graças às missas os padres aprendem a tratar belamente as coisas: o repousar suave da hóstia no cálice, o limpar vagaroso dos recipientes, o folhear do livro, nisso o belo trato com as coisas que resulta na alegria que inspira o coração"[4].

Hoje não consumimos meramente as coisas, mas também as emoções com as quais são carregadas. Coisas não se pode consumir infinitamente, emoções, contudo, sim. Inauguram todo um novo campo de consumo infinito. A emocionalização e a estetização, que a acompanha, da mercadoria são regidas pela

---

4 Peter Handke: *Phantasien der Wiederholung*. Frankfurt am Main, 1983, p. 8.

coação de produção. Têm que potencializar o consumo e a produção. Com isso, o estético fica colonizado pelo econômico.

As emoções são mais fugazes do que as coisas. Não dão, assim, estabilidade à vida. Ao consumir emoção, além disso, não é com coisas que a gente se relaciona, mas consigo mesmo. Busca-se autenticidade emocional. O consumo de emoção intensifica, com isso, a relação consigo narcísica. A *relação com o mundo* que deveria intermediar as coisas, fica, desse modo, cada vez mais perdida.

Os valores também servem hoje como objetos de consumo individual. Tornaram-se eles mesmos mercadoria. Valores como justiça, humanidade ou sustentabilidade são explorados economicamente. "Mudar o mundo bebendo chá" é o slogan de uma empresa *fair trade*. Mudar o mundo pelo consumo seria o fim da revolução. Sapatos ou roupas também precisam ser veganos. Em breve certamente haverá *smartphones* veganos. O neoliberalismo se aproveita multiplamente da moral. Valores morais são consumidos como características distintivas. São contabilizados na conta do ego, elevando o valor do ego. Aumentam a autoestima narcísica. Com valores, não se está referindo à comunidade, mas ao próprio ego.

Com o símbolo, como a *téssera hospitalis*, os amigos hóspedes selam sua aliança. A palavra *symbolon* está situada no horizonte de significado da relação, totalidade e salvação. Segundo o mito contado por Aristófanes no diálogo *Banquete* de Platão, os humanos eram originalmente um ser esférico com duas faces e quatro pernas. Por ser arrogante, Zeus o dividiu em duas metades para os enfraquecer. Desde então os humanos são um *symbolon* que anseia pela suas outras metades, por uma totalidade salvadora. É assim que juntar em grego se chama *symbállein*. Rituais são, nessa medida, também uma práxis simbólica, uma práxis do *symbállein*, ao reunirem as pessoas produzindo aliança, uma totalidade, uma comunidade.

O simbólico como meio da comunidade tem desaparecido hoje a olhos vistos. A dessimbolização e a desritualização condicionam uma a outra. A antropóloga social Mary Douglas constata, espantada: "Um dos problemas mais sérios de nossa época é o desaparecimento da união por símbolos comuns. [...] Caso se tratasse apenas do fato de que a sociedade se fracionou em pequenos grupos que desenvolvem, cada um, suas formas próprias de alianças simbólicas, não seria um processo especialmente difícil de compreender. Essencialmente mais difícil de compreender são a aversão e a repulsão difundida contra o ritual em geral. 'Ritual' se tornou uma palavra escabrosa, uma expressão para o conformismo vazio; somos testemunhas de uma revolta geral contra todo tipo de formalismo, contra a 'forma' em geral"[5]. O desaparecimento dos símbolos remete à atomização crescente da sociedade. Ao mesmo tempo, a sociedade se torna narcísica. O processo de internalização narcísico desenvolve uma hostilidade à forma. Formas objetivas são condenadas em prol de estados subjetivos. Rituais não se prestam à interioridade narcísica. A libido do eu não consegue

---

5 Mary Douglas: Ritual, Tabu und Körpersymbolik. So-zialanthropologische Studien. In: *Industriegesellschaft und Stammeskultur*. Frankfurt am Main, 1974, p. 11.

se acoplar neles. Quem se dedica a eles deve renunciar a si mesmo. Rituais produzem uma distância de si, uma transcendência de si. Eles despsicologizam, desinteriorizam seus atores.

A percepção simbólica desaparece hoje cada vez mais em prol da *percepção serial*, incapaz da experiência da duração. A percepção serial não permanece como tomada de conhecimento contínua do novo. Ao contrário, apressa-se de uma informação à outra, de uma vivência à outra, de uma sensação à outra, sem terminar. Certamente, é por isso que as séries são tão populares hoje, pois correspondem ao hábito da percepção serial. No âmbito do consumo midiático, leva a *Binge Watching*, ao *Komaglotzen*, isto é, à *maratona de séries*. A percepção serial é *extensiva*, enquanto a percepção simbólica é *intensiva*. Dada sua extensão, sua atenção é rasa. A intensidade dá lugar hoje, em toda parte, à extensão. A comunicação digital é uma comunicação extensiva. Ela não produz relações, mas conexões.

O regime neoliberal acelera a percepção serial, aumenta o hábito serial. Elimina deliberadamente a duração para obter mais consumo. O *update* constante que compreende nesse ínterim todos os âmbitos da vida, não permite a duração, um término. A coação permanente da produção leva a um desencasamento. A vida se torna, com isso, mais contingente, mais efêmera, e instável. *Habitar*, contudo, requer duração.

O transtorno de déficit de atenção é resultado de um recrudescimento patológico da experiência serial. A experiência nunca repousa. Desaprendeu a permanecer. A atenção profunda como técnica cultural se forma justamente pelas práticas rituais e religiosas. Religião não provém por acaso de *relegere*, prestar atenção. Toda práxis religiosa é um exercício de atenção. O templo é um lugar de atenção profunda. A atenção é, segundo Malebranche, a reza natural da alma. Hoje, a alma não reza. Ela *se produz* continuamente.

Hoje, muitas formas de repetição são inibidas, como a memorização, por reprimirem a criatividade, a inovação etc. Memorizar se chama em francês *apprendre par cœur*. Apenas a repetição alcança manifestamente o coração. Face ao crescimento do transtorno de déficit de atenção, foi sugerido recentemente a introdução de uma nova matéria na escola, "Tradição ritual", com a intenção de reaprender e ensaiar as repetições rituais na condição de técnicas culturais[6]. Repetições estabilizam e aprofundam a atenção.

A repetição é a característica essencial do ritual. Ela se distingue da rotina pela sua capacidade de produzir uma intensidade. De onde vem a intensidade que marca a repetição e a protege da rotinização? Repetição e lembrança constituem o mesmo movimento para Kierkegaard, mas em direções opostas. O que é lembrado é algo passado, sendo "repetido para trás", enquanto a repetição autêntica "lembra pra frente"[7]. A repetição como reconhecimento é, portanto, uma forma de união, de término. Passado e futuro são unidos em um presente vivo. Como forma de união, promove duração e intensidade. Zela para que o tempo permaneça.

---

6 Ver Christoph Türcke: *Hyperaktiv!* Kritik der Aufmerksamkeitsdefizitkultur. Munique, 2012.

7 Søren Kierkegaard: *Die Wiederholung*. Hamburgo, 1961, p. 7.

Kierkegaard opõe a repetição tanto à esperança quanto à lembrança: "A esperança é uma nova peça de roupa, rígida, lisa e brilhante, mas a gente nunca a vestiu e não sabe como fica vestida, nem seu caimento. A lembrança é uma peça de roupa usada muito bonita, mas que não cabe mais, porque a gente cresceu. A repetição é uma roupa que não se desgasta, bem ajustada, mas delicada, que não aperta ou faz trepidar"[8]. É apenas "o novo", diz Kierkegaard, "que nos dá fastígio, nunca o velho". O velho é o "pão diário que me sacia com bênção". Ele *alegra*: "Apenas é feliz de fato quem não trai a si mesmo imaginando que a repetição deveria ser algo novo, pois então se iria ficar farto dela"[9].

O pão diário não estimula. Estímulos dissipam-se rapidamente. A repetição descobre no que não estimula, insípido, no que não brilha, inconspícuo, no *fado*, uma intensidade. Quem, ao contrário, espera sempre algo novo, excitante, não vê o que já está ali. O sentido, ou seja, o caminho, é repetível. Não se fica

---

8 Id.

9 Id., p. 8.

farto do caminho: "Eu posso repetir apenas o que está privado de evento, e nisso, contudo, algo me alegra no canto do olho (a luz do dia, ou o crepúsculo); mesmo um pôr-do-sol já é um evento e irrepetível; com efeito, não posso repetir sequer uma vez uma determinada luz, ou um crepúsculo, mas apenas um *caminho* (e, nele, devo ter cuidado com todas as pedras, mesmo as novas)"[10].

À caça por novos estímulos, excitações e vivências, perdemos hoje a capacidade de repetição. Aos dispositivos neoliberais como autenticidade, inovação ou criatividade é inerente uma coação permanente ao novo. Eles produzem, contudo, ao fim e ao cabo, apenas variações do igual. O velho, o sido, que admite uma repetição realizadora, é abolido, pois se opõe à lógica do aumento de produção. Repetições, contudo, estabilizam a vida. Sua característica essencial é o encasamento.

O novo cai logo na rotina. É mercadoria que se gasta e provoca novamente a necessidade de algo novo. A coação de ter que rejeitar

---

10 Peter Handke: *Phantasien der Wiederholung*. Op. cit., p. 57.

o rotineiro produz mais rotina. É inerente ao novo uma estrutura de tempo que logo esmaece em rotina. A coação de produção como coação ao novo apenas aprofunda o atoleiro da rotina. Para escapar da rotina, do vazio, consumimos ainda mais coisas novas, novos estímulos e vivências. Justamente a sensação de vazio impulsiona a comunicação e o consumo. A "vida intensiva" como reclame do regime neoliberal não é outra coisa do que consumo intensivo. Face à ilusão da "vida intensiva" vale refletir sobre uma outra forma de vida que seja mais intensiva do que o consumo e a comunicação contínuos.

Rituais criam uma comunidade de ressonância capaz de um acorde, de um ritmo comum: "Rituais promovem eixos de ressonância socioculturalmente estabelecidos, ao longo dos quais se tornam experienciáveis relações de ressonância *verticais* (com Deus, o cosmos, o tempo e a eternidade), *horizontais* (na comunidade social) e *diagonais* (em relação às coisas)"[11]. Sem ressonância, a gente ecoa a si

---

11 Hartmut Rosa: *Resonanz*. Eine Soziologie der Weltbeziehung. Berlim, 2016, p. 297.

mesmo e se isola para si. O narcisismo crescente impede a experiência de ressonância. A ressonância não é um eco de si mesmo. A ela é inerente a dimensão do outro. Significa acorde. A depressão se origina no ponto zero da ressonância. A crise atual da comunidade é uma crise de ressonância. A comunicação digital consiste de câmeras de eco nas quais antes do que nada se ouve apenas a si mesmo falando. *Likes*, *Friends* e *Followers* não formam corpos de ressonância. Apenas aprofundam o eco de si mesmo.

Rituais são processos de incorporação, encenações do corpo. Os regimes válidos e os valores de uma comunidade são experienciados corporalmente e sedimentados. São inscritos no corpo, incorporados, ou seja, internalizados corporalmente. Desse modo, os rituais criam um saber e uma memória corporalizados, uma identidade corporalizada, uma comunhão corporal. A comunidade ritual é uma *corporação*. À comunidade como tal é inerente uma dimensão corporal. A digitalização enfraquece em tal medida o vínculo comunitário que surge dela um efeito descorporizante. A comunicação digital é uma comunicação descorporizada.

Nas ações rituais, sentimentos também participam. Mas seu sujeito não é o indivíduo isolado para si. No ritual do luto, este constitui um sentimento objetivo, um sentimento coletivo. É impessoal. Sentimentos coletivos não têm nada a ver com a psicologia individual. No ritual do luto a comunidade é o sujeito autêntico do luto. A sociedade abate-o ela mesma em face da experiência da perda. Esse sentimento coletivo solidifica comunidade. A atomização crescente da sociedade também abrange o balanço de sentimentos dessa comunidade. Formam-se cada vez mais raramente sentimentos de comunidade. Para isso, dominam afetos e emoções efêmeros como estados de um indivíduo isolado para si. Em oposição a emoções e afetos, os sentimentos são comunitários. A comunicação digital é preponderantemente controlada por afetos. Ela fomenta a descarga imediata de afetos. O *twitter* se mostra como meio de afeto. A política baseada nele é uma política do afeto. Política é razão e mediação. A razão, que requer muito tempo, cede hoje cada vez mais aos afetos de curto prazo.

O regime neoliberal isola as pessoas. Ao mesmo tempo, invoca-se a empatia. A sociedade ritual não necessita de empatia, pois é um corpo de ressonância. É justamente em uma sociedade atomizada que a exigência de empatia é mais forte. O badalo atual por empatia é antes de mais nada condicionado economicamente. A empatia é utilizada como meio de produção eficiente. Serve para influenciar e conduzir emotivamente as pessoas. No regime neoliberal, não apenas o tempo de trabalho, mas também a pessoa inteira é explorada. A gestão emocional se mostra aqui como ainda mais eficaz, pois, do que a gestão racional. Aquela penetra ainda mais profundamente na pessoa do que esta. A política psíquica neoliberal trabalha na obtenção de emoções positivas e na sua exploração. Ao fim e ao cabo, a liberdade é ela mesma explorada. Nisso se distingue a psicopolítica neoliberal da biopolítica da modernidade industrial que operava com suas coações e mandamentos disciplinares.

A comunicação digital se desenvolve hoje cada vez mais em uma comunicação sem comunidade. O regime neoliberal força à comunicação sem comunidade, na medida em que cada um é isolado se tornando *produtor de si mesmo*. Produzir vem do verbo latino *producere*, que significa mostrar ou tornar visível. A palavra em francês *produire* ainda tem o sentido de exibir. *Se produire*, se produzir, significa se pôr em cena. A expressão coloquial alemã *sich produzieren* vem claramente dessa mesma etimologia. Hoje, nos produzimos em geral e compulsivamente, e as mídias sociais são um exemplo disso. O social está completamente subordinado à produção de si. Cada um se produz com o intuito de gerar mais atenção. A coação da autoprodução provoca uma crise da comunidade. A assim chamada "*Community*", invocada em tudo que é parte hoje, é ela mesma apenas um vestígio, uma forma de mercadoria e de consumo, da comunidade. Falta-lhe por completo a coesão simbólica.

A comunicação sem comunidade pode ser acelerada, pois é aditiva. Rituais, ao contrário, são processos *narrativos* que não podem ser acelerados. Símbolos *estão parados, quietos*. Informações, ao contrário, não. Elas *são*, na medida em que circulam. *Estar quieto* significa apenas a paralisação da comunicação. Não produz nada. Na era pós-industrial, o ruído da máquina dá lugar ao ruído da comunicação. Mais informação, mais comunicação, promete mais produção. Desse modo, a coação de produção se manifesta como coação de comunicação.

A coação de produção leva à coação do desempenho. O desempenho se diferencia do trabalho de modo libido-econômico. No trabalho, o eu não precisa estar no centro. No desempenho, ao contrário, o eu se refere especialmente a si mesmo. Produz não apenas um objeto, mas *se* produz. Quem é absorvido pela libido-objeto, não se produz, mas *se esgota*. É a autorreferenciação que constitui o desempenho. A libido-eu controla o sujeito do desempenho. Quanto mais desempenho realiza, mais ele ganha em ego. Freud, como se sabe, relaciona a libido-eu com o impulso de morte.

O sujeito do desempenho narcisista sucumbe por acumulação fatal da libido-eu. Explora-se voluntária e fervorosamente, até colapsar. Ele se otimiza em morte. Seu fracasso se chama depressão ou *burnout*.

Não ocorre depressão em uma sociedade determinada pelo ritual. A alma é totalmente absorvida, esvaziada, pelas formas rituais. Rituais contém mundo. Produzem uma relação forte com o mundo. Na origem da depressão, ao contrário, está uma relação consigo mesmo exageradamente tensa. Nela, se é incapaz de sair de si mesmo, de se ultrapassar em direção ao mundo, e acaba-se encapsulado em si mesmo. O mundo desaparece. Com uma angustiante sensação de vazio, circula-se apenas por si mesmo. Rituais, ao contrário, aliviam o eu do fardo de si mesmo. Eles despsicologizam e desinteriorizam o eu.

Nos rituais, inscrevem-se, não raro, hierarquias e relações de poder. Mediante encenações estéticas, podem aurificar a dominação. Segundo sua essência, contudo, são práticas simbólicas do encasamento. Roland Barthes também pensou sobre os rituais e cerimônias a partir do encasamento. Eles nos protegem do abismo do ser: "A cerimônia [...] protege como uma casa: torna o sentimento habitável. Por exemplo, o luto [...]"[12]. A cerimônia do luto se sobrepõe como um verniz protetor sobre a pele e a isola contra as queimaduras cruéis do luto face à morte de uma pessoa amada. Onde cessam de existir rituais na condição de dispositivos de proteção, a vida está desprotegida por completo. A coação de produção não poderá lidar com essa desproteção e desabrigo transcendentais. Ela a intensifica, ao fim e ao cabo[13].

---

12 Roland Barthes: *Das Neutrum*. Frankfurt am Main, 2005, p. 210.

13 Após o excesso de desregularização anuncia-se novamente a necessidade de rituais e regras religiosas. O conhecido Manual de Jordan B. Peterson *12 Rules of live* [12 lições de vida] tem não por acaso o subtítulo: *Na Antidote to Chaos* [Um antídoto ao caos]. Originalmente, a necessidade de rituais desperta perante experiências traumáticas do caos. As demandas de ritos de passagem e de ciclos de vida formadas individualmente também crescem. No lugar do sacerdote, aparecem os assim chamados designers de ritual. Mesmo os rituais devem obedecer ao imperativo de autenticidade e criatividade. Esses novos rituais não são, no entanto, rituais em sentido autêntico. Deles não provém aquela força simbólica que alinha a vida a algo mais elevado e, com isso, promove sentido e orientação. Onde não existe mais uma ordem superior, os rituais desaparecem.

Coação de autenticidade

A sociedade da autenticidade é uma sociedade da performance. Cada um se performa. Cada um se produz. Cada um cultua o *self*, na medida em que é o sacerdote de si mesmo. Charles Taylor atribui ao culto moderno da autenticidade uma "força moral": "ser fiel a si mesmo não significa outra coisa do que: ser fiel à própria originalidade, e esta é algo que apenas eu mesmo posso articular e encontrar. Na medida em que a articulo, defino, ao mesmo tempo, a mim mesmo. Com isso, realizo uma possibilidade que pertence completa e propriamente a mim mesmo. Essa é a concepção no pano de fundo do ideal moderno de autenticidade e da finalidade da 'satisfação de si' ou da 'realização de si', em cujo sentidos o ideal normalmente é formulado. Esse é o pano de fundo que a força moral confere à cultura da autenticidade também nas suas formas mais degradadas, absurdas e triviais"[14]. O projeto da própria identidade não deve ser, entretanto, egoísta e tem que ocorrer no pano de fundo de um horizonte de significado social que lhe outorgue uma relevância que exceda o próprio *self*: "Só quando eu viver em um mundo no qual possuam um papel decisivo a história, as exigências da natureza, as necessidades dos meus próximos, as obrigações do cidadão, senão o apelo de Deus, ao menos algo de semelhante, é que posso definir a própria identidade de um modo que não seja trivial. A autenticidade não é uma antagonista das reivindicações de âmbito além do próprio *self*, mas pressupõe tais exigências"[15]. Visto desse modo, autenticidade e comunidade não se excluem mutualmente. Taylor distingue entre a forma e o conteúdo da autenticidade. A autorreferencialidade diz respeito apenas à sua forma como autorrealização. Seu conteúdo,

---

14 Charles Taylor: *Das Unbehagen an der Moderne*. Frankfurt am Main, 1995, p. 39.

15 Id., p. 51.

porém, essa a pretensão de Taylor, não pode ser egoísta. A autenticidade se afirma somente pelo projeto de identidade, cuja existência é independente do próprio *self*, ou seja, por sua referência explícita à comunidade.

Em oposição aos pressupostos de Taylor, a autenticidade se revela como antagonista da sociedade. Devido à sua constituição narcísica, impede a formação de comunidade. Decisivo para seu conteúdo não é sua referência à comunidade ou a outra organização superior, mas ao valor de mercado que anula todos os outros valores. Sua forma e seu conteúdo, assim, são uma coisa só. Ambos dizem respeito ao *self*. O culto de autenticidade desloca a pergunta da identidade da sociedade para a pessoal singular. É de modo permanente que a produção do *self* é operada. De maneira que atomiza a sociedade.

A apologia moral de Taylor da autenticidade ignora o processo sutil que ocorre no regime neoliberal que boicota a ideia de liberdade e a autorrealização, invertendo-se em um veículo de exploração eficiente. O regime neoliberal explora a moral. A dominação se consuma no momento em que se vende como liberdade. A autenticidade constitui uma forma de produção neoliberal. A gente se explora voluntariamente acreditando que a gente está se realizando. Pelo culto da autenticidade, a própria pessoa se assimila ao regime neoliberal, transformando-se em um centro de produção de eficiência superior. De modo que se constrói a pessoa inteira no processo de produção.

O culto de autenticidade é um sinal manifesto da decadência do social: "Quando uma pessoa é julgada como autêntica, ou quando se diz de uma sociedade como um todo que ela cria problemas de autenticidade, então esse tipo de fala revela quão intensamente desvalorizada está a ação social, com o que o contexto psicológico obtém cada vez mais peso"[16]. A coação de autenticidade leva a uma introspecção narcísica, a uma ocupação permanente com a própria psicologia. A comunicação também está ordenada psicologicamente. A sociedade da autenticidade é uma sociedade

---

16 Richard Sennett: *Verfall und Ende des öffentlichen Lebens*. Berlim, 2008, p. 67.

de intimidade e desnudamento. Um nudismo da alma concede seus traços pornográficos. Relações sociais são tão mais genuínas e autênticas quanto mais revelam de privacidade e intimidade.

A sociedade do século XVIII ainda era determinada por formas ritualizadas de interação. Um palco, um teatro era como se parecia o espaço público. O corpo também se constituía um palco. É um manequim sem alma, sem psicologia, belamente ornado, adornado e enfeitado com signos e símbolos. As perucas enquadravam o rosto como um quadro. A própria moda era teatral. As pessoas eram realmente apaixonadas pelas representações cênicas. Os penteados das mulheres também eram feitos para encenar. Representavam acontecimentos históricos (*pouf à la circonstance*) ou sentimentos (*pouf au sentiment*). Esses sentimentos, contudo, não refletiam estados da alma. *Atuava-se*, sobretudo, com os sentimentos. O próprio rosto virava palco no qual se representava personagens determinados com auxílio da maquiagem de falsas pintas (*mouche*), Se fossem feitas no canto do olho, por exemplo, significavam paixão. Estivessem situadas próximas ao lábio inferior, indicavam a franqueza de sua portadora. O rosto como palco é bem outra coisa do que essa *face*, hoje exibida no *Facebook*.

O século XIX descobre o trabalho. O jogo e a atuação ficam cada vez mais em descrédito. Trabalha-se mais do que se joga ou atua. O mundo se torna mais fábrica do que teatro. A cultura da representação teatral dá lugar à cultura da interioridade. Esse desenvolvimento também se mostra na moda. Figurino e roupa casual se distanciam cada vez mais um do outro. O teatral desaparece da moda. A Europa passa a vestir roupas de trabalho: "Parece não ser possível negar um devir sério universal da cultura como uma aparência típica do século XIX. Essa cultura se 'joga', se 'atua', em medida muito menor. As formas exteriores da sociedade não constituem mais um ideal de vida elevada, como as perucas e espadas o eram. Não há sintoma mais flagrante para a renúncia do lúdico do que o desaparecimento do elemento fantasioso na vestimenta masculina"[17]. As roupas masculinas ficam, ao longo do século XIX cada vez mais monótonas e menos variadas. Se uniformizam como uniformes de trabalho. É possível deduzir da moda daquela época sua constituição. Reproduz-se, assim, na moda, a pornografização crescente da sociedade. Ela porta hoje traços pornográficos evidentes. Se mostra mais carne do que *formas*.

Na esteira do culto de autenticidade, as tatuagens têm voltado a estar em moda. No contexto ritual, simbolizam a aliança entre o singular e a comunidade. No século XIX, no qual a tatuagem era benquista sobretudo pela classe alta, o corpo ainda era uma área de projeção de anseios e sonhos. Às tatuagens de hoje falta essa força do símbolo. Elas remetem somente à singularidade de seu portador. O corpo aqui não é nem um palco ritual, nem área de projeção, mas uma área de propaganda. O inferno neoliberal do igual é habitado por clones tatuados.

---

17 Johan Huizinga: *Homo Ludens*. Vom Ursprung der Kultur im Spiel. Hamburgo, 1956, p. 184.

O culto de autenticidade faz erodir o espaço público. Destruído, este se torna espaços privados. Cada um carrega consigo seu espaço privado em toda parte. No espaço público, a gente tem que atuar em um papel, renunciando ao privado. É um lugar de representação cênica, um teatro. O jogo, a peça, o espetáculo, é essencial aqui: "A teatralidade na figura das boas maneiras, convenções, e dos gestos rituais é a matéria da qual são formadas as relações públicas, ganhando sua significação emocional. Na medida em que se interfere e se destrói o fórum da esfera pública pelos comportamentos sociais, as pessoas ficam impossibilitadas de fazer uso de suas capacidades teatrais. Os membros de uma sociedade íntima se tornam artistas despojados de sua arte"[18]. O mundo não é, hoje, um teatro no qual se atua em um papel e se trocam gestos rituais, mas um mercado no qual se desnuda e se expõe. A apresentação teatral dá lugar à exposição pornográfica do privado.

---

18 Richard Sennett: *Verfall und Ende des öffentlichen Lebens*. Op. cit., p. 36.

Convivência e polidez têm uma grande parcela de teatro. São um jogo com a bela aparência. Pressupõem, assim, uma distância cênica, teatral. Em nome da autenticidade ou genuinidade, descarta-se hoje a bela aparência e os gestos rituais como coisas extrínsecas. Mas essa genuinidade não é outra coisa do que grosseria e barbárie. O culto narcísico da autenticidade é corresponsável pelo embrutecimento crescente da sociedade. Vivemos hoje em uma cultura do afeto. Onde gestos e modos rituais ruem, os afetos e emoções ganham predominância. Nas mídias sociais também é desmantelada a distância cênica constitutiva da esfera pública. Até o ponto de uma comunicação de afetos que não guarda o distanciamento necessário.

O culto narcísico de autenticidade nos torna cegos perante a força simbólica das formas que exercem uma influência não irrelevante nos sentimentos e pensamentos. Pode-se pensar uma *virada ritual*, na qual vigora novamente *a prioridade das formas*. Ela reverte a relação entre o dentro e o fora, entre espírito e corpo. *O corpo comove o espírito, não o con-*

trário. Não é o corpo que segue o espírito, mas o espírito que segue o corpo. Seria possível dizer também: *O meio produz a mensagem.* É nisso que consiste a *força dos rituais.* Formas exteriores levam a transformações internas. Gestos rituais da polidez têm, assim, consequências mentais. A bela aparência cria uma alma bela e não o contrário: "os gestos da polidez têm grande poder sobre nossos pensamentos; e ajudam tanto contra mau humor, quanto contra dor de estômago, caso se faça mímica da amabilidade, benevolência e alegria; os movimentos necessários para tanto – a reverência, a inclinação e o riso – causam, com efeito, um bem que é impossível que causem os movimentos que lhe são opostos da ira, desconfiança e tristeza. É por isso que eventos sociais são benquistos: oferecem a oportunidade de mimetizar a felicidade; e essa comédia nos cura com certeza da tragédia, o que não é pouco"[19].

---

19 Alain, *Die Pflicht, glücklich zu sein*, Frankfurt am Main, 1982, p. 45. *Apud*. Robert Pfaller: *Die Illusionen der anderen*. Über das Lustprinzip in der Kultur. Frankfurt am Main, 2002, p. 261.

A cultura da autenticidade segue em paralelo com a desconfiança em relação a formas ritualizadas de interação. Apenas emoções espontâneas são autênticas, ou seja, estados subjetivos. Condutas enformadas são descartadas como inautênticas ou excêntricas. Na sociedade da autenticidade, ações são conduzidas internamente, motivadas psicologicamente, enquanto na sociedade ritualizada formas externas de interação determinavam as ações. Os rituais objetivam o mundo. Intermediam uma referência ao mundo. A coação de autenticidade, ao contrário, torna tudo subjetivo. Agudiza, desse modo, o narcisismo. Distúrbios narcísicos têm crescido hoje justamente porque cada vez mais temos perdido o sentido para as interações sociais fora dos limites do *self*. O *homo psychologicus* narcísico está aprisionado em si, em sua interioridade complicada. Sua pobreza de mundo lhe deixa apenas girar em torno de si mesmo. Entrega-se, assim, à depressão.

Onde assola o narcisismo, desaparece o lúdico da cultura. A vida tem perdido cada vez mais em serenidade e jovialidade [*Heiterkeit*] e exuberância. A cultura se distancia de tal esfera sagrada do jogo. A coação do trabalho e do desempenho agudiza a profanação da vida. A seriedade sagrada do jogo dá lugar à seriedade profana do trabalho.

Os filmes da série *007* de James Bond também refletem esse desenvolvimento. Vão ficando cada vez mais sérios e menos lúdicos. Os últimos episódios rompem no final até mesmo com o ritual jovial do amor. A cena final de *007 – Skyfall* é perturbadora. Em vez de se entregar despreocupado ao jogo do amor, Bond aceita o próximo encargo de M, seu superior. M pergunta a Bond: "Lots do be done. Are you ready to get back to work?" [Há muito que ser feito. Pronto para voltar ao trabalho?]. Cenho sério, Bond responde: "With pleasure, M [...] with pleasure!" [Com prazer, M […], com prazer].

Tem erodido cada vez mais os espaços rituais nos quais seriam possíveis os desregramentos lúdicos, festivos, ou seja, espaços de excessos e extravagância descolados do cotidiano profano. A cultura é profanada. Hoje, filmes como *A grande farra* (1973) de Marco Ferri se depararam apenas com a incompreensão. A extrapolação geralmente é inerente aos rituais festivos: "[a cultura] comanda e engendra circunstâncias excepcionais festivas nas quais aquilo que pode ser normalmente recusado de repente aparece como uma ordem, vivenciável nas cerimônias da extrapolação como convivência sereno-joviais, como triunfos gaios, felizes, ou mesmo como entusiasmo tempestuoso. As sociedades totêmicas, para as quais o desfrute de um determinado animal era proibido, apresenta aqui um exemplo marcante (e íntimo para Freud). Em uma determinada altura do ano, a interdição, com efeito, é derrogada e substituída por uma ordem: então deve-se ingerir a refeição totêmica – um acontecimento alegre"[20].

A profanação da cultura leva a seu desencantamento. A arte também tem se tornado

---

20 Robert Pfaller: *Das Schmutzige Heilige und die reine Vernunft*. Symptome der Gegenwartskultur. Frankfurt am Main, 2008, p. 129.

hoje cada vez mais profana e desencantada. Magia e encanto, que seriam autenticamente sua origem, a abandonam em prol do discurso. O exterior encantado é substituído pelo interior verdadeiro, o significante mágico pelo significado profano. No lugar de formas que coagem e corrompem, aparecem conteúdos discursivos. A magia cede à *transparência*. O imperativo da transparência desenvolve uma hostilidade à forma. A arte se torna *transparente* em relação ao seu significado. Não seduz mais. O invólucro mágico é retirado. As formas não *dizem* mais por si mesmas. Uma densificação, uma complexidade, uma ambivalência, um exagero, uma grande ambiguidade até a contrariedade, tudo isso caracteriza a linguagem das formas, dos significantes. Sugerem uma *relevância* sem que de pronto caiam em significados. Agora desaparecem em prol de significados e mensagens simplificados que são entulhadas na obra de arte.

O desencantamento da arte a torna protestante. Ela é, por assim dizer, desritualizada, perdendo as formas suntuosas: "Enquanto os espaços de arte até o fim da década de 1980 ainda pareciam uma igreja católica, com um amontoado de formas e figuras coloridas e cheias de vida, as associações de arte desde então parecem profundamente protestantes, com suas orientações ao conteúdo e à palavra escrita ou dita"[21]. A arte não é um discurso. Ela ocorre em formas, significantes, e não em significados. É destrutivo para a arte o processo de interiorização que a assemelha ao discurso, renunciando ao exterior misterioso em prol do interior profano. O desencantamento da arte é um fenômeno do narcisismo, da interiorização narcísica.

O narcisismo coletivo desmantela o Eros, desencantando o mundo. Os recursos eróticos na cultura esgotam-se a olhos vistos. São também as forças que dão coesão a uma comunidade, inspirando-na em jogos e festas. Sem eles, acaba-se em uma atomização destrutiva da sociedade. Rituais e cerimônias são ações genuinamente humanas que fazem a vida festiva e encantada. Seu desaparecimento profana a vida em sobrevivência. Assim, seria de se

---

21 Id., p. 92.

esperar um poder curativo capaz de um *reen-cantamento do mundo* que atuasse contra o narcisismo coletivo.

Rituais da conclusão

No excesso de abertura e de ilimitado que dominam o presente, perdemos a capacidade de conclusão. Com isso, a vida se torna meramente aditiva. A morte pressupõe que a vida seja expressamente encerrada. Caso se retire da vida toda possibilidade de encerramento, este acaba fora de hora. Mesmo a percepção hoje é incapaz de conclusão ou inferência, pois se apressa de uma sensação à outra. Apenas a permanência contemplativa é capaz de concluir, de inferir. Fechar os olhos é um emblema da conclusão contemplativa. As imagens e informações que se aglomeram fazem com que seja impossível fechar dos olhos. Sem a negatividade da conclusão, vai-se parar na adição e acumulação infinitas do igual, no excesso de positividade, na proliferação adiposa de informação e de comunicação. Nos espaços com infindáveis possibilidades de conexões, um encerramento não é possível. O desmantelamento de formas de conclusão no curso da superprodução e do superconsumo causa um infarto do sistema.

O imperativo neoliberal da otimização e do desempenho não permite o encerramento. Torna tudo provisório e incompleto. Nada é definitivo e terminal. Não apenas softwares mas também todos os âmbitos da vida subjazem à coação da otimização, mesmo a educação. Ficar apreendendo perpetuamente durante a vida não é algo que possa ser encerrado. Não é outra coisa do que ficar produzindo perpetuamente. O regime neoliberal abole as formas de conclusão e encerramento para aumentar a produtividade. O *nós*, capaz de uma ação comum, também é uma forma de conclusão. Ele se desintegra hoje em Egos que se exploram voluntariamente como empresas de si mesmas. As formações educacionais como formas de conclusão também vêm sendo desmanteladas. A flexibilidade é coagida pela destruição indiscriminada da formação educacional. O sujeito do desempenho isolado para si explora a si mesmo de maneira mais efetiva ao estar aberto a tudo, ao estar flexível.

A incapacidade de conclusão também tem muito a ver com o narcisismo. O sujeito narcísico vivencia a si mesmo de maneira mais intensa não no feito ou no trabalho terminado, mas na prestação constante de novos trabalhos a serem desempenhados. O feito, o terminado, está pronto como objeto para si, independente do *self*. De modo que o sujeito evita levar algo a cabo: "O aumento constante de expectativas, de modo que o comportamento respectivo nunca é vivido como satisfatório, corresponde à incapacidade de levar o que quer que seja a cabo. A sensação de ter alcançado uma meta é evitada, pois com isso a própria vivência se objetivaria, ela assumiria uma figura, uma forma, e, com isso, existiria independente do *self*. [...] A continuidade do *self*, o caráter inacabado e a incompletude de seus impulsos são um traço essencial do narcisismo"[22].

---

22 Richard Sennett: *Verfall und Ende des öffentlichen Lebens*. Op. cit., p. 581.

O excesso de abertura e de expansão se estendem sobre todos os níveis da sociedade. É o imperativo do neoliberalismo. A globalização desfaz também todas as estruturas fechadas para acelerar a circulação de capital, mercadorias e informações. Ela expande, des--localiza o mundo em um mercado global. O lugar é uma forma de conclusão. O mercado global é um não-lugar. A conexão também abole o lugar. Do mesmo modo, a rede é um não-lugar. Não é possível, pois, habitá-la. Surfamos na rede. E os turistas viajam no mundo des-localizado. Circulam eles mesmos incessantemente como mercadorias e informações.

Em seu ensaio *Determinação cuidadosa de um lugar*, o escritor húngaro Péter Nádas descreve um lugarejo, um lugar fechado ritualmente, em cujo centro fica uma pereira ancestral: "desde que vivo próximo a essa enorme pereira, não tenho mais que partir quando observo a amplidão ou quando quero voltar no tempo"[23]. O lugarejo constitui uma ordem fechada. Faz com que uma permanência seja

---

23 Péter Nádas: *Behutsame Ortsbestimmung*. Zwei Berichte. Berlim, 2006, p. 5.

possível. De modo que não se deve mais "partir". Parte da pereira uma gravidade que une as pessoas, provocando um vínculo profundo. Os habitantes do lugarejo se reúnem ali e entoam uma canção: "Nas noites quentes de verão canta-se em voz baixa sob a pereira. O lugarejo canta em voz baixa. É certo que não se quer incomodar a noite"[24]. Nesse lugar não há muita comunicação. Nenhum ruído de comunicação incomoda o silêncio: "a gente tem a sensação de que a vida aqui não consiste em vivências pessoais [...], mas em silêncio profundo. Isso é compreensível, entretanto, já que a pessoa abençoada com uma consciência individual está constantemente forçada a dizer mais do que sabe, ao passo que no entorno pré-moderno, cada um fala essencialmente menos do que todos sabem"[25]. Sob a figueira, um lugarejo se entrega a uma "contemplação ritualizada", a um silêncio ritual, acordando o "conteúdo coletivo de consciência"[26]. Os rituais da conclusão estabilizam o lugar. Eles produ-

---

24 Id., p. 16.

25 Id., p. 11.

26 Id., p. 25.

zem um *mapeamento cognitivo* que se dissolve no curso da digitalização e da globalização.

Os habitantes do lugarejo vivem em um vínculo profundo. Tanto a percepção, como a ação assumem uma forma coletiva. É coletivamente que se vê e que se ouve. As ações não são atribuídas a um sujeito determinado: "Quando o lugarejo faz ou percebe algo, isso não se deu pela ação ou percepção de um sujeito, de uma pessoa, ou seja, as pessoas que participam da ação ou da percepção são *tragadas ritualmente* pela consciência coletiva e suas experiências são atribuídas ao nome genérico que designa o lugar"[27]. A consciência coletiva gera uma comunidade sem comunicação. Continuamente se repete a mesma grande história, a que é *mundo* para os seus habitantes: "Não têm opinião sobre isso ou aquilo, mas contam continuamente uma grande e única história"[28]. No lugarejo domina um acordo *silencioso*. Ninguém o incomoda com vivências e opiniões pessoais. Ninguém busca atenção ou se fazer ouvir. A atenção vale mais do que tudo para a

---

27 Id., p. 8 [Realce meu].

28 Id., p. 17.

comunidade. A comunidade ritual é uma comunidade da escuta e do pertencimento mútuo, uma comunidade em concórdia calada do silêncio. Justamente ali onde desaparece a proximidade primordial, se comunica de maneira excessiva. A comunidade sem comunicação dá lugar à comunicação sem comunidade.

A narração é uma forma de conclusão. Tem começo e fim. Uma ordem fechada a caracteriza. Informações, ao contrário, são aditivas, não narrativas. Não se juntam, terminando em um conto, em uma canção que doa sentido e identidade. Permite apenas um acúmulo sem fim. Na antiga pereira domina o silêncio, já que tudo já foi narrado. Hoje o barulho da comunicação reprime o silêncio. *Determinação cuidadosa de um lugar* termina com uma frase que nos faz sentir uma nostalgia silenciosa: "Hoje não há mais árvores eleitas, e o canto do vilarejo ficou mudo"[29].

O segundo ensaio de *Determinação cuidadosa de um lugar* se chama *A própria morte*. Nele, Nádas descreve sua experiência de qua-

_____

29 Id., p. 33.

53

se ter morrido e que faz a morte desembocar em um nascimento. Essa experiência compõe uma forma de conclusão. A morte aqui não é um fim, uma perda. É imaginada como um novo começo. O curso da morte, no final do qual pode ser vista uma luz clara, se transforma em um curso de nascimento: "Escorreguei do útero de minha mãe no canal do nascimento. A abertura oval eram os grandes lábios vaginais arrebentados de minha mãe, que conhecia da perspectiva do curso de nascimento, os grandes lábios vaginais de minha mãe morta há décadas, como foram arrebentados ou cada vez mais dilatados na medida em que eu me aproximava para nascer"[30]. A hora da morte vira hora do nascimento. De modo que, na conclusão, chega-se a uma *união de morte e nascimento*, que produz uma *infinitude*. A vida humana é posta em analogia ao tempo cíclico que a pereira incorpora. O ensaio *A própria morte* contém literalmente mais de 150 fotos da antiga pereira. Como se sabe, Nádas fotografou a árvore obsessivamente durante

---

30 Id., p. 78

todas as épocas do ano. Fotografar é, aqui, um ritual de conclusão. As fotos geram uma sensação temporal única, um templo cíclico, ou seja, um tempo *fechado em si mesmo*.

Os lugarejos de Nádas não são provavelmente um lugar amigável. Não se deve esperar isso, ou mesmo hospitalidade de um coletivo arcaico. Um elogio ingênuo da conclusão está vetado face à possibilidade de violência que um encerramento fundamentalista do lugar traz consigo. É inerente ao nacionalismo, que tem voltado a despertar atualmente, a necessidade de um encerramento que leve à exclusão do outro, do estrangeiro. Não se deve esquecer, contudo, que violência é não apenas a negatividade do encerramento total, mas também a positividade da abertura excessiva que atrai uma contraviolência a si mesma.

O ser humano é um ser de um lugar. Só o lugar faz ser possível a habitação, a estada. Ser de um lugar não necessariamente, entretanto, é um fundamentalismo do lugar. Não descarta a hospitalidade. É destrutiva a total des-localização do mundo pelo global que nivela todas as diferenças e admite apenas variações do igual. A outridade, a estranheza, vai de encontro à produção. O global cria, assim, um *inferno do igual*. Justamente perante essa violência do global que o fundamentalismo do lugar tem despertado.

A cultura é uma forma de conclusão. Por isso, promove uma identidade. Contudo, essa *identidade é includente*, não excludente. Assim, ela é receptiva ao que é estrangeiro. Hegel nota na gênese da cultura grega: "Falamos há pouco da estranheza como um elemento do espírito grego e se sabe que nos inícios da formação estão relacionados com a chegada de estrangeiros na Grécia"[31]. Com gratas recordações, os gregos teriam preservado a chegada dos estrangeiros em sua mitologia. Prometeu, pois, vem do Cáucaso. Segundo Hegel, é uma "tolice superficial imaginar que uma vida bela e verdadeiramente livre poderia proceder do simples desenvolvimento de uma espécie que permaneça em seus laços de consanguinidade

---

31 Georg Wilhelm Friedrich Hegel: *Vorlesungen über die Philosophie der Geschichte*. Werke in zwanzig Bänden. E. Moldenhauer e K. M. Michel (orgs.) Frankfurt am Main; 1970, volume 12, p. 280.

e de amizade"[32]. Ao contrário, é a "estranheza em si mesma o único modo pelo qual ele (i.e. o espírito) obtém sua força de ser na condição de espírito". O espírito é uma "conclusão", um poder includente que incorpora, entretanto, o outro, o estrangeiro, em si. A "estranheza em si mesma" é constitutiva para a formação do espírito. A cultura dominante atual frequentemente invocada não tem espírito, na medida em que elimina de modo cego o estrangeiro. Como uma forma de *retrotopia*[33], ela se assentou no imaginário.

A globalização des-localiza a cultura em hipercultura, na medida em que expande os espaços culturais, fazendo-os implodir[34]. Assim, se sobrepõem e se atravessam em uma justaposição sem distanciamento. Surge um *hipermercado da cultura*. A hipercultura é uma forma de consumo da cultura. Ela se apresenta em forma de mercadoria. Como um rizoma, se prolifera sem limites ou centro. A pereira

---

32 Id., p. 278.

33 Ver: Bauman, Zygmund: Retrotopia. Berlim, 2017.

34 Ver: Byung-Chul Han: *Hyperkulturalität*, Kultur und Globalisierung. Berlim, 2005.

de Nádas é justamente o emblema da cultura localizada. É oposto ao rizoma. A hipercultura expandida é aditiva. Não é uma forma de conclusão: "A árvore é filiação, mas o rizoma é aliança, única e somente aliança. A árvore requer o verbo 'ser', enquanto o rizoma encontra seu nexo na conjunção 'e... e... e...'. Nessa conjunção, há força suficiente para abalar e desenraizar o verbo 'ser'"[35]. O *ser* é o *verbo para o lugar*. A *lógica do e* hipercultural o suprassume. A conjunção infinita celebrada por Deleuze é, ao fim e ao cabo, destrutiva. Leva a uma excrecência cancerosa do igual, ao inferno do igual.

No hipermercado cultural, o estranho igualmente não está à mão. Ele não é consumível. O global não é o lugar do espírito, pois este pressupõe uma "estranheza em si mesma". Dar vida ao estranho é o que inspira o espírito. O fundamentalismo do lugar que está cada vez mais fortalecido, a cultura dominante, é uma reação ao global, à hipercultura neoliberal, ao caráter de falta de lugar. Ambas as formações

---

35 Gilles Deleuze / Félix Guattari: *Tausend Plateaus*. Kapitalismus und Schizophrenie. Berlim, 1993, p. 41.

da cultura se opõem de modo inconciliável e hostil. Possuem, contudo, uma semelhança. Não têm acesso ao estranho.

A abolição dos rituais leva sobretudo que o tempo apropriado desapareça. Os tempos apropriados correspondem aos capítulos da vida: "É isso o que se pode chamar de tempo apropriado e que nos é a todos conhecido pela própria experiência de vida. As formas fundamentais do tempo apropriado são a infância, juventude, maturidade, velhice e morte. [...] O tempo que alguém pode ser jovem ou velho não é o tempo do relógio. Há, de modo flagrante, uma descontinuidade nisso"[36]. Os rituais dão forma às passagens essenciais da vida. São formas de conclusão. Sem eles, *deslizamos pela vida afora*. Ganhamos idade sem que fiquemos *velhos*. Ou permanecemos consumidores infantis que nunca crescem. A descontinuidade do tempo próprio dá lugar à continuidade da produção e do consumo.

---

36 Hans-Georg Gadamer: *Die Aktualität des Schönen*. Op. cit., p. 56.

Os ritos de passagem, Übergangsriten, *rites de passage*, estruturam a vida como épocas do ano. Quem ultrapassa um limiar concluiu uma fase da vida e adentra em uma nova. Limiares como passagens dão ritmo, articulam e até mesmo narram espaço e tempo. Tornam possível uma experiência profunda de ordem. Limiares são passagens intensivas de tempo. Hoje têm sido demolidos em prol da comunicação e da produção acelerada, ininterrupta. Com isso, ficamos mais pobres em espaço e tempo. No esforço de *produzir* mais espaço e tempo, os perdemos. Eles perdem sua *linguagem* e *emudecem*. Limiares *falam*. Limiares *transformam*. Além dos limiares está o *outro*, o *estrangeiro*. Sem as fantasias dos limiares, sem seus encantos, há apenas o *inferno do igual*. O global é construído pelo desmantelamento desrespeitoso de portais e passagens. Informações e mercadorias preferem um mundo sem portais. O *liso sem resistência* acelera sua circulação. Passagens intensivas de tempo se desintegram, hoje, virando acessos rápidos, links contínuos e cliques infinitos.

Festa e religião

Deus abençoou e sacralizou os sete dias. O descanso sabático confere à obra de criação uma consagração divina. Não é mera inatividade. Ao contrário, constitui uma parte essencial da criação. Em um de seus comentários ao Gênesis, Raschi nota, pois: "Após os sete dias da criação, o que faltava ainda à semana? A *menucha* ['a inatividade', 'o descanso']. Virou sabá, veio a *menucha*, e o mundo estava completo"[37]. O descanso sabático não é consequência da criação. Sem ele, a criação estaria incompleta. No sétimo dia, Deus não repousou pelo mero trabalho feito. O descanso é, ao contrário, sua essência. Ele completa a criação. É a essência da criação. Erramos, então, o divino, quando subordinamos o descanso ao trabalho.

---

37 Apud. Giorgio Agamben: *Nacktheiten*. Frankfurt am Main, 2010, p. 183s.

O sabá é, para Franz Rosenzweig, uma "festa da criação", uma "festa do descanso e da contemplação", uma "festa da completude e perfeição". No sabá pode-se sobretudo "descansar sua língua da tagarelice cotidiana" e se entregar à "escuta silenciosa da voz de Deus"[38]. O sabá exige o silêncio. Fechar a boca é o que vigora. A escuta silenciosa une as pessoas e cria uma comunidade sem comunicação: "apenas no silêncio se está unido, a palavra une, mas os unidos calam – por isso o espelho côncavo que reúne os raios de sol da eternidade no pequeno ciclo do ano, a liturgia, deve apresentar às pessoas esse silêncio. Mesmo nela, o silêncio em comum pode apenas ser a última coisa e tudo o que lhe precede é apenas a pré-escola desse último estágio. Nesse ensino, impera ainda a palavra. A própria palavra deve levar as pessoas a aprender o silêncio em comum. O início desse ensino consiste em aprender a ouvir"[39].

---

38 Franz Rosenzweig: *Der Stern der Erlösung. Gesammelte Schriften*. Volume 2. Hanau, 1976, p. 348.

39 Id., p. 342s.

O sagrado exige o silêncio: "*Myein*, iniciar, etimologicamente significa 'fechar' – os olhos, mas sobretudo a boca. No início dos ritos sagrados, o arauto 'ordenava silêncio'(*epitattei tem siopen*)"[40]. O silêncio deixa escutar. Ele vem acompanhado de uma sensibilidade particular, de uma atenção profunda, contemplativa. A coação atual da comunicação faz com que não possamos fechar nem os olhos, nem a boca. Profana a vida.

A quietude e o silêncio não têm lugar na rede digital dotada de uma estrutura rasa de atenção. Ela pressupõe uma ordenação vertical. A comunicação digital é horizontal. Nada *sobressai* ali. Nada *se aprofunda*. Não é intensiva, mas extensiva, o que faz com que o ruído da comunicação aumente. Porque não podemos ficar em silêncio, temos que nos comunicar. Ou não podemos ficar em silêncio, porque estamos subordinados à coação da comunicação, à coação da produção. A liberdade, a emancipação da palavra que exige o silêncio,

---

40 Giorgio Agamben: *Das unsagbare Mädchen*. Mythos und Mysterium der Kore. Frankfurt am Main, 2012, p. 11.

se revela como coação da comunicação. A liberdade vira coação.

Não apenas na religião judaica mas na religião em geral, o descanso é essencial para a festa. Ele cria uma intensidade particular de vida: "E o descanso pertence, ao contrário da agitação do cotidiano atarefado, à essência da festa: um descanso que una a intensidade de vida à contemplação em si, que seja capaz de unir a ambas, só ocorre quando a intensidade de vida se intensifica virando exuberância"[41] Perdemos hoje esse descanso festivo por completo. A simultaneidade da intensidade de vida e da contemplação o caracteriza. A vida alcança uma intensidade real justamente quando a *vita contemplativa* incorpora em si a *vita activa* degenerada em hiperatividade em sua crise pós-moderna.

O descanso pertence à esfera do sagrado. O trabalho, ao contrário, é uma atividade profana que, durante as ações religiosas, não tem lugar. Descanso e trabalho constituem duas formas de existência fundamentalmente dis-

---

41 Karl Kerényi: *Antike Religion*. Stuttgart, 1995, p. 47.

tintas. Entre ambos há uma *diferença ontológica* ou, se quisermos, uma *diferença teológica*. O descanso não serve apenas para se recuperar do trabalho. Também não é uma compilação para um novo trabalho. Ao contrário, ela transcende o trabalho. Não pode de modo algum ter ligação com o trabalho: "O trabalho, porém, é a primeira e mais visível forma de atividade profana. Não tem outro objetivo do que sanar as necessidades da vida. O trabalho nos liga apenas com as coisas profanas. Nos dias de feriado, ao contrário, a vida religiosa atinge um grau de intensidade extraordinário. O contraste entre essas duas existências fica, pois, nesse momento particularmente claro. Não podem estar, assim, justapostos. O ser humano não pode se aproximar intimamente de seu Deus enquanto ainda portar consigo marcas de sua vida profana. Inversamente, ele não pode retornar à sua ocupação habitual caso o rito o tenha beatificado. O descanso ritual é, portanto, apenas um caso particular da incompatibilidade universal que separa o sagrado do profano"[42]. Se o descanso for aproximado, como hoje, da recuperação do trabalho desse tipo, então perde sua mais-valia ontológica. Assim, não constituiria mais uma forma de existência superior, autônoma, se degradando em um derivado do trabalho. A coação atual da produção perpetua o trabalho levando, com isso, ao desaparecimento desse descanso sagrado. A vida é completamente profanada e dessacralizada.

O trabalho, que pertence à esfera do profano, separa e isola as pessoas, enquanto a festa as une e reúne. O caráter cíclico da festa faz com que, portanto, as pessoas sintam regularmente a necessidade de se reunir, pois a coletividade é sua essência. O ciclo da festa corresponde à mudança contínua de trabalho e descanso, de dispersão e reunião: "O que distingue essencialmente o culto é o ciclo de festa que retorna regularmente em determinados períodos. Podemos agora entender de onde vem essa inclinação à repetição regulada: o ritmo ao qual

---

42 Émile Durkheim: *Die elementaren Formen des religiösen Lebens*. Berlim, 2017, p. 451.

a vida religiosa pertence é apenas a expressão do ritmo da vida social – é seu resultado. A sociedade pode dar vida ao sentimento que tem de si mesma apenas sob a condição de ter se reunido. Mas não pode celebrar essa reunião permanentemente. As necessidades da vida não a permitem manter-se reunida infinitamente. Dispersa-se, assim, para novamente se reunir quando sentir novamente necessidade disso. Essa alternância necessária corresponde à alternância regular dos tempos sagrados e profanos. [...] Para além disso, esse ritmo pode variar em sua forma segundo cada sociedade. Ali onde o período de dispersão é longo e extremo, o período de reunião, por sua vez, é fortemente prolongado"[43].

A festa como jogo é um autorretrato da vida. Sua característica é assinalada pelo excedente. É a expressão de uma vida extravagante que não aspira a nenhum fim. Nisso consiste sua intensidade. É a forma intensiva da vida. Na festa, a vida se refere a si mesma, em vez de se subordinar a um fim externo. Desse

---

43 Id., p. 512s.

modo, o tempo dominado hoje completamente pela coação de produção é um tempo sem festa. A vida empobrece, paralisada em estado de sobrevivência.

Nós *celebramos* a festa. Não se pode, porém, celebrar o trabalho. Podemos celebrar a festa, pois ela fica *parada* como uma construção. O tempo da festa é um *tempo parado*. O tempo como momentos passageiros sucessivos, efêmeros, é suprassumido. Não há objetivo a que a gente poderia nos dirigir acelerados. Justamente a *aceleração* faz o tempo passar. A *celebra*ção da festa suprassume o decorrer do tempo. É inerente à festa algo perene. O tempo da festa é um tempo áureo, um casamento [*Hoch-Zeit*]. A arte também tem sua origem na festa: "A essência da experiência da arte é que aprendemos a permanecer. É essa talvez a equivalência que nos é proporcional ao que se chama eternidade"[44]. É a *essência da arte* conferir conservação à vida: "Que 'haja algo conservado na demora hesitante' – é isso o que é a

---

44 Hans-Georg Gadamer: *Die Aktualität des Schönen*. Op. cit., p. 60.

arte de hoje, a arte de ontem e desde sempre"[45]. A coação do trabalho destrói a conservação da vida. O tempo do trabalho é um tempo que decorre, passa e escorre. Quando, como hoje em dia, o tempo da vida coincide com o tempo do trabalho, a própria vida então se torna radicalmente passageira, efêmera.

Para Hölderlin, a festa é um "noivado", um casamento, um tempo áureo, em alemão *Hoch-Zeit*, com os deuses. Nos dias de festa, os feriados, os humanos se aproximam dos deuses. A festa promove uma comunidade entre humanos e deuses. Faz com que a humanidade participe do divino. Cria intensidades. Os deuses incorporam justamente as intensidades da vida humana. A vida que se exaure no trabalho e na produção é um estágio absolutamente atrofiado da vida.

O casamento, o tempo áureo, é também a temporalidade da escola superior, áurea, em alemão, *Hochschule*, universidade. Na Grécia Antiga, escola se chamava *scholé*, ou seja, ócio. *Hoch-schule* é, assim, ócio superior, áureo.

---

45 Id., p. 70.

Hoje não é mais um ócio áureo. Ela mesma se tornou em lugar de produção que produz capital humano. Em vez de formar e educar culturalmente, forma profissionalmente. A educação não é um meio, mas um fim em si. Na educação, o espírito se relaciona consigo mesmo, em vez de se subordinar a fins externos.

A universidade medieval era outra coisa do que um lugar de formação profissional. Praticava também rituais. Cetros, selos, chapéus de formatura, colares de ordem e becas de formatura são insígnias dos rituais acadêmicos. Hoje, os rituais, em sua maior parte, também vêm sendo suprimidos das universidades. A universidade como empresa com seus clientes não exige rituais. Rituais não combinam com trabalho e produção. Onde são reintroduzidos, são meramente decorativos e fracos. São apenas mais uma oportunidade de fazer *selfies* ou de ver comprovado o próprio desempenho. Onde tudo está engatado no modo de produção, os rituais desaparecem.

As festas ou festivais atuais têm muito pouco a ver com esse tempo áureo. São objetos de um *Event management*, um organizador de eventos. O evento como forma de consumo da festa ostenta uma estrutura de tempo bem diferente. Evento vem da palavra latina *eventos*, que significa "aparecer de repente". Sua temporalidade é a eventualidade. É acidental, arbitrário e não obrigatório. Rituais e festas são, contudo, qualquer outra coisa do que eventuais ou não obrigatórios. A eventualidade é uma temporalidade da atual sociedade do evento. Ela se opõe ao obrigatório e compulsivo da festa. Ao contrário da festa, eventos não criam também uma comunidade. Festivais são espetáculos de massa. Massas não formam comunidade.

O regime neoliberal totaliza a produção. De modo que todos os âmbitos da vida ficam subordinados a ela. A totalização da produção leva à profanação completa da vida. Até mesmo o descanso é capturado e se degrada em tempo livre, em pausa de descanso para recuperação. Não é um prelúdio a um período sagrado da reunião. Para muitos, o tempo livre é um tempo vazio, um *horro vacui*. A pressão crescente de desempenho faz com que não seja possível ocorrer nenhuma vez uma pausa que reponha as energias. De modo que muitos ficam doentes justamente durante o tempo livre. Essa doença já tem um nome: *Leisure sickness*, doença do lazer. Aqui, a liberdade constitui uma forma vazia de trabalho que se mostra torturante. O descanso ativo, ritual, dá lugar ao não fazer nada torturante.

O trabalho tem um começo e um fim. De modo que segue do período do trabalho o período de descanso. O desempenho, ao contrário, não tem começo nem fim. Não há período de desempenho. O desempenho como imperativo neoliberal perpetua o trabalho. Na sociedade ritual, a vida coletiva, a festa, atinge, como nota Durkheim, algumas vezes uma forma excessiva, um tipo de furor, quando o período de trabalho, ou seja, o período da dispersão, se alonga demais, se torna extremo. Faz-se então festa atrás de festa. Hoje, justamente o trabalho assume uma forma de furor, sem que se sinta a necessidade de fazer festa ou de se reunir. De modo que a coação da produção leva à destruição da comunidade.

Com frequência, o capitalismo é interpretado como religião. Se entendermos, contudo, religião com *religare*, como vínculo, então o capitalismo é qualquer outra coisa do que religião, pois falta-lhe a força da reunião e da coletivização. Já o dinheiro opera individualizando e separando. Aumenta minha liberdade individual, na medida em que me liberta de um vínculo pessoal com os outros. Pagando, por exemplo, posso fazer outro trabalhar por mim, sem que eu consinta com qualquer tipo de relação pessoal com ele. E é essencial para a religião o descanso contemplativo. Este, contudo, é a imagem reversa do capital. O capital não descansa. Segundo sua essência, deve trabalhar e estar em movimento de modo contínuo. As pessoas se ajustam a ele na medida em que perdem até mesmo a capacidade de descanso contemplativo. Além disso, a distinção entre o sagrado e o profano pertence essencialmente à religião. O sagrado une as coisas e os valores que dão vida a uma comunidade. A coletivização é seu traço essencial. O capitalismo, ao contrário, nivela tal distinção, na medida em que totaliza o profano. Ele torna tudo comparável e com isso, igual. Ele cria um *inferno do igual*.

A religião cristã é marcadamente narrativa. Feriados como a Páscoa, o Pentecostes e o Natal são o apogeu narrativo no interior do todo da narrativa, orientando e promovendo sentido. Cada dia contém uma tensão narrativa, uma significação de toda narrativa. O próprio tempo se torna narrativo, ou seja, significativo. O capitalismo não é narrativo. Não conta nenhuma história. Apenas conta números. Tira do tempo tal significação. É profanado em tempo de trabalho. E os dias ficam todos iguais.

Equiparando capitalismo e religião, Agamben leva os peregrinos e os turistas ao mesmo nível: "Aos crentes no templo – ou os peregrinos, que se arrastam de templo em templo, ou de lugar de peregrinação em lugar de peregrinação pela terra – correspondem hoje os turistas que incansavelmente viajam por um mundo distorcido em museu"[46]. Peregrinos e

---

46 Giorgio Agamben: *Profanierungen*. Frankfurt am Main, 2005, p. 82.

turistas pertencem na realidade a dois regimes bem diferentes. Turistas viajam por não-lugares sem sentido, enquanto os peregrinos em *lugares* vinculantes que reúnem e conectam as pessoas. A reunião é o traço essencial do lugar: "O lugar reúne em si no mais alto e extremo. Os que se reúnem atravessam e transpassam essencialmente tudo. O lugar, que reúne e recolhe para si, preserva o que foi recolhido, mas não como uma cápsula que encerra, mas de tal modo que transluz e transuda os que se reuniram e, apenas com isso libera em sua essência"[47]. A igreja também é um lugar de reunião. *Sinagoga* vem da palavra grega *synagein*, que, como *symbállein*, significa reunir. Ela é um lugar no qual se celebra rituais religiosos em conjunto, ou seja, junto com outros se dispensa atenção ao sagrado. Religião como *religare* é ao mesmo tempo *relegere*, prestar atenção. De modo que o templo se distingue do museu. Nem os visitantes do museu, nem os turistas, formam uma comunidade. São massas ou amontoados. Os lugares de atração turísti-

---

47 Martin Heidegger: *Unterwegs zur Sprache*. Pfullingen 1959, p. 37.

ca também são profanados. *Ter visto* é a forma de consumo do *relegere*. Falta-lhe a atenção profunda. As atrações turísticas se distinguem fundamentalmente do lugar que transluz os reunidos e que libera sua essência. Dela, não parte o efeito simbólico em profundidade que cria uma comunidade. Em atrações turísticas *se dá uma passada*. Não admitem a *permanência*, nem a *estadia*.

Face à coação crescente de produção e desempenho, é uma tarefa política fazer um outro uso da vida, lúdico. A vida readquire o lúdico quando, em vez de se subordinar a uma coação externa, se refere a si mesma. O descanso contemplativo é recuperação. Se for retirado da vida completamente o elemento contemplativo, então a gente se sufoca no nosso próprio fazer. O sabá aponta para o fato de que o descanso contemplativo, o silêncio é essencial para a religião. A esse respeito, religião também é diametralmente oposta ao capitalismo. *O capitalismo não gosta do silêncio.* O silêncio seria o ponto zero da produção, na era pós-industrial, o ponto zero da comunicação.

Jogo de vida e morte

A glória do jogo é acompanhada da soberania, que não significa outra coisa do que estar livre da necessidade, da coação e da utilidade. A soberania desvela uma alma "que está além da preocupação da necessidade"[48]. Justamente a coação de produção destrói a soberania como forma de vida. A soberania dá lugar a uma nova *submissão* que se vende, no entanto, como liberdade. O sujeito do desempenho neoliberal é um *servo absoluto*, na medida em que, sem os senhores, explora-se voluntariamente.

Bataille distingue dois tipos de jogo: o forte e o fraco. Apenas o jogo fraco é reconhecido na sociedade na qual o útil se tornou o princípio dominante. O jogo se submete à lógica de produção, pois serve à recuperação

---

48 Georges Bataille: *Die Aufhebung der Ökonomie*. Munique, 2001, p. 312.

do trabalho. O jogo forte, ao contrário, não se deixa coadunar com o princípio do trabalho e da produção. Ele põe a própria vida em jogo. Soberania o caracteriza.

Bataille alude a um ritual, na província indiana de Querala, no qual James George Frazer se refere em seu livro *O ramo de ouro*: "A festa na qual o rei de Calecute fazia sua coroa e sua vida depender do resultado de uma batalha, era conhecida como 'o Grande Sacrifício'. Acontecia a cada doze anos [...], a cerimônia era realizada com grande pompa. O lugar é próximo à atual linha ferroviária. De passagem, pode-se apenas vislumbrar o templo, que está quase escondido atrás de um grupo de árvores na margem do rio. Do portão oeste do templo segue um caminho sem saída que mal se eleva acima dos campos de arroz ao redor e, sombreado por uma bela avenida, corre por meia milha até o topo de uma colina alta com uma encosta íngreme, na qual os contornos de três ou quatro terraços ainda podem ser vistos. Foi no mais alto desses terraços que o rei tomou sua posição naquele dia memorável. O panorama é belo: entre as planas superfícies dos arrozais, com o plácido rio que serpenteia entre eles, a vista corre até o Oriente, às altas mesetas com suas escarpas cobertas de bosques, assomando muito distante a grande cadeia montanhosa dos Gates orientais e, mais distantes ainda, os montes Nilgiris ou Montanhas azuis, dificilmente distinguíveis do azul do céu. Não foi a essa distância perspectiva que os olhos do rei se voltaram nessa hora decisiva de seu destino. Sua atenção estava cativada por um espetáculo muito mais próximo, pois toda a planície a seus pés estava repleta de tropas com suas bandeiras ondulando alegremente ao sol, e as tendas brancas de seus inúmeros acampamentos contrastavam vigorosamente com o verde dourado dos arrozais. Quarenta mil ou mais soldados estavam reunidos ali para defender ao rei. Porém, se a planície estava inundada de combatentes, o caminho que a cruza desde o templo até o lugar do rei estava vazio deles. Nem uma alma repousava ali: os dois lados estavam fechados por paliçadas, e das paliçadas uma longa sebe de lanças, segurando braços fortes, saltou para o caminho vazio de cada lado; os pontos se encontraram no meio e formaram um arco de aço. Tudo estava agora pronto. O rei brandiu sua espada. Ao mesmo tempo, uma grande corrente de ouro maciço foi colocada sobre um elefante ao seu lado. Este foi o sinal. Nesse instante, um movimento pode ser notado a meia milha de distância no portão do templo. Um grupo de homens armados com espadas, adornados com flores e pintados com cinzas, saíram da multidão. Acabavam de participar de sua última refeição na terra e agora recebiam as últimas bendições e despedidas de seus amigos. Pouco depois chegavam à linha de lanças golpeando e esfaqueando para a direita e para a esquerda nos arpões, contorcendo-se e torcendo sob as lâminas como se não tivessem ossos em seu corpo. Tudo em vão. Um a um eles caem, alguns perto do rei, outros mais longe, prontos a morrer para provar ao mundo sua coragem destemida e seu manejo da espada. Durante os dez dias seguintes do festival, a mesma magnífica demonstração de coragem, o mesmo sacrifício inútil de vida humana, foi repetida uma e outra vez"[49]. Esse ritual arcaico nos é estranho devido à incorporação de uma forma de vida baseada no dispêndio e no jogo. Ela é diametralmente oposta à nossa forma de vida dominada pelo trabalho e pela produção. A uma sociedade que professa a mera vida como sagrada, um ritual como esse pode apenas parecer pura loucura, teatro de crueldade. A sociedade obcecada pela produção não tem acesso ao jogo forte, à morte como intensidade de vida. Numa sociedade arcaica como aquela, se sacrifica mais do que se produz. *Sacrificium* (sacrifício) significa geração de coisas sagradas. O sagrado pressupõe uma des-produção. A totalização da produção dessacraliza a vida.

Tais guerreiros arcaicos não são soldados. Soldado significa literalmente "quem recebe soldo". É um criado. Assim, ao contrário do guerreiro soberano como jogador, ele tem medo da morte. Ele arrisca sua vida, uma vez

---

49 Id., p. 330s.

que receberá um soldo por isso. O soldado como mercenário é um assalariado, um trabalhador, um empregado. Não está jogando. Faz um negócio com sua vida. O jogo forte cujo princípio é a soberania, não convém à sociedade da produção, orientada ao útil, ao desempenho e à eficiência e que professa como valor absoluto a mera vida, a sobrevivência, o continuar a viver de modo saudável. O jogo forte suprassume a economia do trabalho e da produção. A morte não é prejuízo, nem fracasso, mas uma expressão de manifesta vivacidade, força e prazer.

A sociedade da produção é dominada pelo medo da morte. O capital opera como uma garantia contra a morte. É imaginado como tempo acumulado, pois com dinheiro se pode pôr outros para trabalhar por si, ou seja, comprar tempo. O capital infinito cria a ilusão de um tempo infinito. O capital trabalha contra a morte como prejuízo absoluto. Ele tem que suprassumir o tempo limitado de vida. Bataille pressupõe haver atrás da coação de acumulação o medo da morte: "um industrial rico riria ou responderia com cortês encolher de ombros se disséssemos que a verdade de um poema é soberana *forte*, completa e inteiramente, em comparação com seu pacote de ações cuja verdade *fraca* é feita de medo e subjugada ao mundo do trabalho – dessa degradação universal que o temor da morte oferece"[50].

Banir a morte da vida é constitutivo da produção capitalista. A morte deve ser *produzida fora*. Um antídoto à coação da produção é, por isso, a *troca simbólica* com a morte: "Separar a vida da morte, é justamente nisso que consiste a operação do econômico – e resta uma vida residual legível a partir de então apenas nas expressões operacionais de cálculo e valor. [...] Devolver a vida à morte é em que consiste a operação do simbólico"[51]. A sociedade arcaica não conhece a separação da vida e da morte. A morte é um aspecto da vida. A vida é possível apenas na troca simbólica com a morte. Os rituais de iniciação e de sacrifício são atos simbólicos que regulam múltiplas

---

50 Id., p. 326.

51 Jean Baudrillard: *Der symbolische Tausch und der Tod*. Berlim, 2011, p. 258.

passagens da vida e da morte. A iniciação é um segundo nascimento que segue da morte, do fim de uma fase da vida. A reciprocidade marca a relação entre vida e morte. A festa como dispêndio implica uma troca simbólica com a morte: "A morte *simbólica,* que não está sujeita à separação entre vida e morte que é a origem da *realidade* da morte, se renova em um ritual social festivo"[52]. A época da produção é, portanto, um tempo sem festas. É dominado por uma irreversibilidade e crescimento infinito.

Hoje não há personalidades cuja vida seja marcada pela soberania e pela paixão pelo jogo. O diretor de cinema Werner Schroeter era um jogador forte. Seu último longa metragem, *La nuit de chien* encena o jogo forte, a soberania, o dispêndio puro. À pergunta, em que consiste as "formas utópicas" construídas em seus filmes, Schroeter respondeu o seguinte: "Na morte. Na liberdade de escolher a morte. A beleza do filme está em eu realizar a grandeza – e não servir em migalhas tão pou-

---

52 Id., p. 266.

co convincentes, como tantos dos meus compatriotas atuais. Esses cigalhos psicológicos – e então a vovozinha talvez ainda possa ter um orgasmo. Não, esse é outro mundo. Minha vida toda é uma utopia, pois vivo sempre na esperança. Penso positivo, por isso sobrevivo até agora de minha doença, surpreendentemente. Com energia descomunal, estive em Porto, filmando por nove semanas: a noite toda, das 18h da tarde até 6h da manhã. Um esforço de uma enorme espécie. Me entrego às situações fatais, mas não sou complacente, nem comigo, nem com os outros. A consequência acaba sendo essa: conseguir vencer o medo da morte. Ele não é parte de meu mundo. Não sei quando ele me deixou"[53]. Em seu filme, Schroeter esboça uma utopia, na qual a morte constitui uma intensidade, uma forma intensiva de vida. Ela é um dispêndio puro, uma expressão de soberania.

Michel Foucault era alguém a quem os filmes de Schroeter causavam um grande impacto. Uma vez, conversaram. Na conversa, fala-

_____

53 *TAZ* de 02/04/2009.

ram sobre erotismo e paixão, morte e suicídio. Schroeter descreve a liberdade para a morte como uma sensação anárquica: "Não tenho medo da morte. Talvez seja arrogante dizer, mas é a verdade. Encarar a morte com serenidade é uma sensação anárquica que constitui um perigo para a sociedade existente"[54]. A soberania, a liberdade para a morte, vale como uma ameaça para a sociedade orientada para o trabalho e a produção e que procura proliferar o capital humano. Tal utopia é anárquica até o ponto de quebrar radicalmente com a forma de vida que professa a mera vida, a sobrevivência como sagrada. O suicídio é a negação mais radicalmente pensável da sociedade da produção. *Desafia o sistema da produção.* É sinônimo da *troca simbólica com a morte* que a separação entre a vida e a morte feita pela produção capitalista torna reversível.

Na conversa, Foucault nota o seguinte: "Desde algum tempo, também tenho me ocupado a respeito da dificuldade de debater

---

54 Michel Foucault: Ästhetik der Existenz. Schriften zur Lebenskunst. Frankfurt am Main, 2007, p. 111.

sobre o suicídio. [...] Além disso, o suicídio é entendido pela sociedade como algo extremamente negativo. As pessoas não falam apenas que não é bom cometer suicídio, elas falam também que se alguém cometeu suicídio, é porque este alguém deveria estar bem mal"[55]. Schroeter estipula a ideia de um suicídio soberano, uma morte livre, que traz consigo um prazer extremo, uma intensidade: "Não entendo como alguém muito deprimido encontre forças para se suicidar. Eu só poderia me matar em um estado de graça, em um estado de prazer extremo, mas nunca em um estado de depressão"[56]. Tal prazer extremo é uma intensidade, uma intensidade de vida. O depressivo não tem forças para o suicídio soberano, uma morte livre. Seu suicídio não é uma expressão de afirmação da vida. Ao contrário, é coagido a fazer isso, pois a vida se tornou vazia, sem sentido e insuportável, porque está cansado e exausto, *porque* não consegue mais produzir, não consegue mais se produzir. Comete suicídio por negação da vida. Não é uma

---

55 Id.

56 Id.

morte livre, mas uma morte coagida, uma morte por exaustão. Ela só é possível no interior da relação de produção neoliberal.

Na conversa com Schroeter, Foucault eleva o suicídio até mesmo a um ato de resistência cultural: "Sou adepto de uma guerra cultural real, na qual se incutiria novamente nas pessoas que não há nada mais belo do que o suicídio e, consequentemente, nada sobre o que se poderia refletir com maior atenção. Seria preciso trabalhar a vida toda em seu suicídio"[57]. Foucault compreende o suicídio como um ato de liberdade. É um sinal de soberania pôr a vida em jogo, o que não significa outra coisa do que *fazer da vida um jogo*.

Com Foucault, é possível definir a arte de viver como uma práxis do suicídio, *se* dar à morte, *se despsicologizar*, ou seja, *jogar*: "Arte de viver significa matar a psicologia e criar, tanto de si como de outras individualidades, essências, relações e qualidades que não tenham nome. Quando não se faz isso, essa vida não vale a pena ser vivida"[58]. A arte de viver

---

57 Id., p. 111s.

58 Id., p. 110.

se opõe ao terror da psicologia. Hoje, estamos aprisionados na nossa psicologia. O recuo narcísico no ego, na psicologia, destrói, contudo, os espaços de jogo, a *fantasia lúdica*. A arte de viver significa escapar de *si na busca por formas de jogo e de vida inominadas.*

Viver não significa hoje outra coisa do que produzir. Tudo tem se deslocado da esfera do jogo à da produção. Somos todos trabalhadores, não mais jogadores. O próprio jogo atenuado em atividade de lazer. Apenas o jogo fraco é tolerado. Ele se constitui um elemento que funciona no interior da produção. A seriedade sagrada do jogo deu lugar completamente à seriedade profana do trabalho e da produção. A vida subordinada ao ditado da saúde, da otimização e do desempenho se iguala a uma sobrevivência. Falta-lhe o brilho, a soberania, a intensidade. Muito apropriadamente, o sátiro romano Juvenal já formulava o seguinte: "*Et propter vitam vivendi perdere causas*: Para permanecer com vida, renunciar ao sentido da vida"[59].

---

59 Apud. Bataille: *Die Aufhebung der Ökonomie*. Op. cit., p. 326.

Fim da história

A Modernidade é uma época na qual o trabalho tem seu significado aumentado de modo rasante. Põe cada vez mais o jogo sob suspeição. Isso se reflete também na filosofia. A dialética do senhor e do escravo de Hegel começa com um duelo. De um lado, aquele que se revela como senhor está determinado a vencer. Quer brilhar. Vive para a honra e a glória da vitória. Para tanto, assume para si o risco de morte. Põe sua vida em jogo. É um jogador que não teme a suprema aposta. De outro lado, seu opositor se retira do combate por medo da morte. Não quer vencer, mas sobreviver. Prefere sobreviver à glória da vitória, da soberania. Assim, não contrai o risco de morte. Submete-se ao senhor e trabalha como escravo para ele. Ele se decide pelo trabalho, pela sobrevivência e contra o jogo de vida e morte. O senhor é um homem livre, pois está pronto para colocar sua vida em jogo. É um jogador forte, enquanto o outro é um trabalhador, um escravo.

Hegel não toma o partido pelo senhor, mas pelo escravo. Justamente, ele é um filósofo moderno. Para ele, vale a primazia do trabalho. O próprio pensamento é trabalho. O espírito trabalha. O trabalho forma o espírito. A dialética do senhor e do escravo de Hegel considera a existência humana exclusivamente da perspectiva do trabalho. Hegel não tem acesso à liberdade do jogador que despreza o trabalho, concedendo-o ao escravo.

Na sequência de Hegel, Karl Marx também não abdica da primazia do trabalho. A história começa com o trabalho: "O primeiro ato histórico desses indivíduos, pelos quais se diferenciam dos animais, não é o fato de que pensam, mas que começaram a produzir seus meios de subsistência"[60]. O ser humano tem história porque trabalha. Marx eleva o traba-

---

60 Karl Marx: Deutsche Ideologie. In: *MEW*, Volume 3. Berlim, 1990, p. 20.

lho a conceito fundamental da fenomenologia do espírito hegeliana: "A grandeza da *Fenomenologia* hegeliana e de seu resultado final – a dialética, a negatividade enquanto princípio motor e gerador – é que Hegel, por um lado, [...] compreende a essência do *trabalho* e concebe o ser humano objetivo, verdadeiro, porque efetivo, como resultado de seu *próprio trabalho*. [...] Hegel se coloca no ponto de vista dos modernos economistas nacionais. Ele apreende o *trabalho* como a *essência*, como a essência do ser humano que se confirma [...]"[61].

Face à primazia marxista do trabalho, o escrito de seu genro Paul Lafargue, *O direito à preguiça*. Refutação do "direito ao trabalho" de 1848, tem um significado especial. Em primeiro lugar, invoca o homem livre da antiguidade grega: "Os gregos também, na época de sua maior prosperidade, tinham apenas desprezo pelo trabalho; somente aos escravos era

---

61 Karl Marx: Ökonomisch-philosophische Manuskripte. In: MEW, Volume 40. Berlim, 1990, p. 574. Versão brasileira: MARX, Karl. *Manuscritos econômico-filosóficos*. Tradução e notas: Jesus Ranieri. São Paulo: Boitempo editorial, 2004, p. 123-124.

permitido trabalhar, o homem livre conhecia apenas exercícios físicos e jogos do espírito. [...] Os filósofos da antiguidade ensinavam o desprezo pelo trabalho, essa degradação do ser humano livre; os poetas decantavam a preguiça, essa dádiva dos deuses: '*O Meliboee, deus nobis haec otia fecit*' [Foi um deus, Melibeu, que nos deu tal ócio]"[62]. Lafargue postula que os direitos humanos, "urdidos pelos advogados metafísicos da revolução burguesa", sejam substituídos pelos "direitos à preguiça". O império da preguiça se dedica, livre da seriedade do trabalho, ao belo jogo. O panfleto de Lafargue termina com a frase: "Oh, preguiça, mãe das artes e das nobres virtudes, sê o bálsamo das angústias humanas!"[63].

Em sua interpretação da dialética do senhor e do escravo, Kojève também eleva o trabalho a princípio motor da história: "A educação criadora do ser humano pelo trabalho (a formação) engendra a história, ou seja, o *tem-*

---

62 Paul Lafargue: *Das Recht auf Faulheit*: Widerlegung des "Rechts auf Arbeit" von 1848. Berlim, 2013, p. 13.

63 Id., p. 57.

po humano. O trabalho é tempo [...]"[64]. O trabalho forma o espírito e impulsiona a história. É o agente exclusivo da história compreendida como avanço. O trabalhador ascende, assim, a único sujeito da história.

O fim do trabalho significa o fim da história. Segundo a primeira concepção de pós-história de Kojève, essa seria o "American Way of Life", que antecipa o "presente eterno, futuro de toda a humanidade". O "retorno do ser humano à animalidade" caracteriza a pós-história: "O fim do tempo humano ou da história quer dizer: a suprassunção definitiva do ser humano em sentido próprio ou do indivíduo livre, histórico significa, na realidade, simplesmente o término de todo 'fazer' em sentido enfático da palavra. Significa, na prática, o seguinte: o desaparecimento das guerras e das revoluções sangrinolentas. E também o desaparecimento da *filosofia*; pois, se o ser humano não se altera mais a si mesmo essencialmente, não há mais motivos para modificar os princípios (verda-

---

64 Alexandre Kojève: *Hegel*. Eine Vergegenwärtigung seines Denkens. Frankfurt am Main, 1975, p. 71.

deiros) que são os fundamentos de seu conhecimento de mundo e de si mesmo. Todo o resto, contudo, pode se sustentar ilimitadamente: a arte, o amor, o jogo, etc.; em uma palavra, tudo o que torna o ser humano *feliz*"[65].

Contudo, após sua viagem ao Japão, Kojève imagina o fim da história de um modo bem diferente. Ele tem lugar no Japão ritualizado estritamente oposto ao American Way of Life. Ali, o ser humano não leva uma vida animalesca, mas uma ritualizada. O Japão se revela a Kojève como o *império vindouro dos rituais*: "Em vez de arriscar a vida em batalha, eles [i. é., os japoneses] a suprassumiram em cerimoniais – todos são capazes de 'viver de acordo com valores totalmente *formalizados* que carecem de todo conteúdo humano em sentido histórico"[66]. A sociedade pós-histórica traz consigo uma "estetização indiscriminada", uma formalização estética da vida. Ela não é, diria Nietzsche, animada pela vontade de ver-

---

65 Id., 41.

66 Alexandre Kojève: Überlebensformen. Berlim, 2007, p. 49.

dade, mas pela vontade de aparência, de jogo. Ela joga na superfícies, se entregando à sedução da aparência: "Onde o ser humano histórico falava de verdade e mentira, Nietzsche vê apenas ainda 'graus de aparência', gradação de valores na superfície da vida [...]"[67]. O Japão aponta para tal *sociedade ritual vindoura*, que vem sem verdade, sem transcendência, uma sociedade estetizada, na qual a *bela aparência* assume a posição da religião.

---

67 Id., p. 54.

Império dos signos

Sob a coação do trabalho e da produção desaprendemos cada vez mais a capacidade de *jogar*. Também temos feito raramente um uso lúdico da linguagem. Com ela, apenas temos *trabalhado*. Ela é usada para transmitir informações ou produzir sentido. Desse modo, não temos acesso a formas que brilham para si. A linguagem como meio de informação não tem brilho. Não seduz. Os poemas também são estruturas de forma rígida que brilham para si. Em geral, não comunicam nada. É o *excedente, o luxo do significante* que os caracteriza. Desfrutamos sobretudo sua perfeição da forma. Nos poemas, a linguagem *joga*. Por esse motivo, hoje não temos mais lido poemas. Poemas são *cerimônias mágicas da linguagem*. O *princípio poético* restitui à linguagem o desfrute, na medida em que quebra radicalmente com a economia da produção de sentido. O poético não produz. A poesia é, por isso, uma "insurgência da linguagem contra suas próprias leis" que servem à produção de sentido[68]. Nos poemas a gente desfruta da própria linguagem. A linguagem trabalhadora, informacional, ao contrário, não pode ser desfrutada. O princípio do trabalho é oposto ao princípio do desfrute.

Kant denominava o *Witz*, o chiste ou engenho, como "luxo da cabeça". No *Witz*, a linguagem se dedica ao jogo. Assim, ela fica "florescente, como a natureza com suas flores parece mais um jogo, ao contrário de com suas frutas, quando parece fazer negócio"[69]. O *Witz* não é uma enunciação que pode ser reduzida a um significado unívoco. É um luxo, quer dizer, ele luxa, desloca-se do "negócio" da produção de sentido. É uma estrutura formal da linguagem, na qual não se depende tanto

---

68 Baudrillard: *Der symbolische Tausch und der Tod*. Op. cit., p. 350.

69 Immanuel Kant: *Anthropologie in pragmatischer Hinsicht. Werke in zehn Bänden*. Wilhelm Weischedel (org.). Darmstadt 1983, volume 10, p. 512.

do significado, da significação. Se a produção de sentido constitui a inteligência da linguagem, ela fica então, por assim dizer, estúpida no *Witz*: "O *Witz* constitui uma possibilidade para a linguagem se fazer mais estúpida do que é, fugir de sua dialética e de seu encadeamento de sentido, para se atirar em um processo de contiguidade delirante [...]. O *Witz* torna nítido que a linguagem está atracada no não-sentido – assumindo que ele está cativado pelo seu próprio jogo"[70]. No *Witz*, o efeito vem antes do significante do que do significado. Assim, ele mal pode ser parafraseado. A contiguidade delirante é seu princípio poético. De modo excessivo, os significantes contraem relações de vizinhança sem levar em consideração o significado.

Se o signo, o significante, for absorvido completamente pelo significado, pela significação, então a linguagem perde tal mágica e brilho. Vira informacional. *Trabalha*, em vez de jogar. A eloquência e elegância da lingua-

---

70 Jean Baudrillard: *Das Andere selbst*. Habilitation. Viena, 1987, p. 66.

gem também se deve ao luxo de significantes. Só com o excesso, com o excesso de significantes que a linguagem pode parecer mágica, poética, sedutora: "essa organização do excesso de significantes é mágica (e poética) [...]. O *trabalho* moroso da unificação de significados e significantes, que é o *trabalho* da razão, freia e reabsorve esse excesso fatal. A sedução mágica do mundo deve ser reduzida e até mesmo eliminada. Isso irá então acontecer quando todo significante obter seu significado e tudo se tornar sentido e realidade"[71]. Não o significado, mas o significante sem significado que é misterioso. As fórmulas mágicas não transportam também nenhum significado. Elas são, por assim dizer, signos vazios. Por isso, parecem mágicas como as portas que levam ao vazio.

Nenhum sentido unívoco pode se relacionar também com os signos ritualísticos. Desse modo, parecem misteriosos. A funcionalização e informacionalização crescentes da

---

71 Jean Baudrillard: *Die fatalen Strategien*. Munique, 1991, p. 185 [Destaque meu].

linguagem tem anulado o excesso, o excedente de significante. A linguagem vai ficando, nesse processo, desencantada. A informação pura não emana nenhuma magia. Não seduz. A linguagem desenvolve seu esplendor, sua capacidade ou faculdade de seduzir apenas graças a um excesso de significante. Na cultura da informação, perde-se a magia fundada no significante vazio. Vivemos hoje em uma *cultura do significado* que descarta os significantes, a forma como algo exterior. Essa cultura é inimiga do desfrute e da forma.

O excesso de significado caracteriza também os rituais. Assim, Roland Barthes idealiza o Japão ritualizado em um império dos signos, em um império cerimonial de significantes. As poesias curtas japonesas, os haicais, também são determinadas pelo excesso de significantes. Fazem pouco caso do significado. Não informam nada. São puro jogo com a linguagem, com os significantes. Não se produz sentido. Haicais são cerimônias da linguagem: "No haicai, a limitação da linguagem é objeto de uma contenção que nos é incompreensível, pois não se trata de uma expressão concisa (ou seja, de expressar o máximo possível de significantes de forma sucinta sem reduzir a densidade do significado), mas, ao contrário, de atuar na raiz do sentido para chegar a que o sentido não se eleva [...], o haicai não é um pensamento rico reduzido a uma forma breve, mas um acontecimento breve que encontra sua forma justa em um golpe"[72].

O haicai é dominado por regras de jogo rígidas. Assim, não pode ser propriamente traduzido em uma outra linguagem. Formas próprias à língua japonesa resistem a toda e qualquer transmissão.

> O velho tanque.
> Uma rã mergulha –
> Barulho de água. (Basho)

Um formalismo e esteticismo intensivos, que podem ser generalizados em traços essenciais dos rituais, dominam também as práticas rituais cotidianas no Japão, como a prática de embrulhar. Os japoneses levam qualquer coi-

---

72 Roland Barthes: *Das Reich der Zeichen*. Frankfurt am Main. 1981, p. 103. Versão brasileira: BARTHES, Roland. *O império dos signos*. Tradução: Leyla Perrone-Moisés. São Paulo: Martins Fontes, 2007, p. 99.

sa insignificante em um invólucro magnífico. Para Roland Barthes, a particularidade dos pacotes japoneses consiste em "que a insignificância das coisas não tem uma relação com o trabalho que o embrulho requer"[73]. Expresso de modo semiótico: o significante (o invólucro) é mais importante do que o que ele designa, ou seja, do que o significado, o conteúdo. O significante magnífico desloca o significado possivelmente insignificante para mais tarde. Ele brilha antes uma vez por si, independente da verdade, da coisa ou do assunto que contém: "O que os japoneses transportam em toda parte com atarefada energia são no final apenas signos vazios"[74]. *A liturgia do vazio põe um fim à economia da mercadoria*. O pacote japonês não desvela nada. Ela desvia o olhar da coisa, remetendo antes de tudo a seu invólucro magnífico. Assim, se opõe à *mercadoria* para a qual o embrulho é algo puramente exterior. O embrulho existe apenas para ser rápida e novamente removido. O quimono também

---

73 Id., p. 64.

74 Id., p. 65.

encobre o corpo em um excesso de significados, em um jogo de cores e formas. O corpo como portador de significados é oposto a um corpo pornográfico que, sem tal invólucro, é, pois, obsceno. O corpo pornográfico, livre de significantes, remete apenas ao significado nu, à verdade nua, ou seja, ao sexo.

Em uma cerimônia japonesa do *chá*, as pessoas se sujeitam a um decurso minucioso de gestos ritualizados. Aqui, não há espaço para psicologia. Fica-se propriamente despsicologizado. Assim, o movimento exitoso da mão e do corpo tem uma *clareza gráfica*. Nenhuma psicologia, nenhuma alma, o faz hesitar. Os atores *se* submergem nos gestos rituais. Eles geram uma *ausência*, um *esquecimento de si*. Na cerimônia do chá, não há comunicação. Nada é comunicado. Domina o silêncio ritual. A comunicação volta a aparecer em prol dos gestos rituais. *A alma emudece*. No silêncio, trocam-se gestos que geram um ser-com intensivo. O efeito benéfico da cerimônia do chá consiste em seu silenciar ritual se opor muito ao ruído da comunicação de hoje em dia, da comunicação sem comunidade. Ela produz uma comunidade sem comunicação.

O olho japonês não é, para Barthes, um lugar da alma. É vazio. Esse olho suspeita da mitologia ocidental da alma: "O olho ocidental é submetido a toda uma mitologia da alma, central e secreta, cujo fogo, abrigado na cavidade orbital, irradiaria para um exterior carnal, sensual, passional"[75]. O olho japonês é chato, sem profundidade. A pupila não experimenta dramatização pela órbita. Hegel também seguia a mitologia ocidental da alma. Segundo ele, o olho deveria ser envolvido por ossos elevados, de modo que a "sombra aumentada na órbita desse a sensação de uma profundidade e interioridade íntegra". A profundidade da alma se destaca da "agudeza cortante dos ossos do olho". Assim, o olho não pode penetrar" e "se atirar, por assim dizer, na exterioridade"[76]. O que Hegel teria a dizer sobre tais olhos *cha-*

---

75 Id., p. 140. Versão brasileira: p. 138.

76 Georg Wilhelm Friedrich Hegel: *Vorlesungen über die Ästhetik*. Werke in zwanzig Bänden. E. Moldenhauer e K. M. Michel (orgs.) Frankfurt am Main, 1970, volume 14, p. 392.

tos orientais aplicados fugazmente no rosto como uma pincelada, em vez de afundar profundamente nos ossos?

O império dos signos se sustenta também sem *significado moral*. Não é dominado pela *lei*, mas por *regras*, por significantes sem significado. A sociedade ritual é uma sociedade das regras. Não é apoiada pela virtude ou pela consciência moral, mas por uma *paixão por regras*. Ao contrário da lei moral, as regras não são *interiorizadas*. Apenas se as *segue*. A moral pressupõe uma alma, uma pessoa que *trabalha* em seu aperfeiçoamento. Quanto mais a pessoa progride no caminho moral, mais adquire autoestima. Essa interioridade narcísica está completamente ausente na ética da *polidez*.

A regra repousa em um acordo. É formada por um encadeamento imanente de signos arbitrários. Não tem, desse modo, verdade profunda, não tem transcendência. Não possui princípios metafísicos ou teológicos. A lei, ao contrário, pressupõe uma instância transcendente, como Deus, que compele ou proíbe. O desejo originado na observância da regra, se

108

diferencia do desejo que obedece ou transgride uma lei. Ela se deve a uma paixão pelo jogo e pela regra: "Para poder entender a intensidade da forma ritual, devemos sem dúvida nos libertar da ideia de que todo desejo emana da realização de uma vontade. O jogo, a esfera do jogo, nos desvela, ao contrário, uma paixão pela regra, o delírio da regra, o poder surgido de uma cerimônia e não de uma vontade"[77]. *O capitalismo repousa na economia da vontade.* Assim, ele não se dá com a sociedade ritual. A intensidade da forma ritual se deve a uma paixão pela regra que produz uma forma completamente outra de desejo.

A polidez é uma forma pura. Com ela, *não se tem nada em vista*. Ela é vazia. Como forma ritual, está esvaziada de tal conteúdo moral. Ela é um signo, um significante, que se distingue radicalmente da 'polidez do coração', que seria um significado moral: "hoje, colocamos a lei moral sobre o signo. O jogo das formas convencionais é visto como hipócrita

---

77 Jean Baudrillard: *Von der Verführung.* Munique, 1992, p. 185.

e amoral: ao contrário, pomos a 'polidez do coração e até mesmo a despolidez radical do querer. [...] É verdade que a polidez (e a cerimônia como um todo) não é mais o que ela já foi"[78]. A polidez como forma ritual é sem coração e também sem querer, sem vontade. Ela é mais *arte* do que moral. Ela surge no puro intercâmbio dos gestos rituais. Na topologia da polidez japonesa como forma ritual, não há um interior, um coração, que a degradaria em uma etiqueta puramente exterior. O contrário de dentro e fora não pode ser descrito. Não habita o fora que se oporia ao dentro como mera aparência. Ao contrário, se é muito mais *todo forma, todo fora*: "para oferecer um presente, achato-me, curvado até a incrustação, e, para me responder, meu parceiro faz o mesmo: uma mesma linha baixa, a do chão, junta o oferecedor, o receptor e o objeto do protocolo, uma caixa que talvez não contenha nada ou tão pouca coisa"[79]. Uma "forma gráfica"

---

78 Jean Baudrillard: *Die fatalen Strategien*. Op. cit., p. 210s.

79 Roland Barthes: *Das Reich der Zeichen*. Op. cit., 90s. Versão brasileira: p. 88.

é conferida ao ato de troca "a partir da qual anula-se toda avidez". O presente fica "como que suspenso entre dois desaparecimentos". O presente como significante sem significado é uma *mediação pura*, uma *dádiva pura*.

> "O presente consiste só nisso:
> nada o toca,
> nem a generosidade,
> nem a gratidão,
> a alma não o contamina."[80]

No império dos signos a alma, a psicologia é liquidada. Nenhuma alma contamina a seriedade sagrada do jogo ritual. No lugar da psicologia, aparece uma *paixão pela regra*, uma *paixão da forma*. Esse império dos signos é oposto ao atual *império das almas* que se expõem, se desnudam e permanentemente se produzem. O império cerimonial dos signos faz ser possível pensar em uma outra forma de vida, uma outra sociedade, uma que seja livre do narcisismo, uma vez que o eu *se* imerge no jogo ritual dos signos. A paixão pela regra desinterioriza o eu.

---

80 Id., p. 91.

Hoje, incansável e incessantemente, tudo fica moralizado. Ao mesmo tempo, encrudesce-se, contudo, a sociedade. Polidezes desaparecem. O culto da autenticidade as deprecia. Cada vez mais raramente se praticam os bons modos. Também nesse sentido somos inimigos das formas. É evidente que moral não exclui o embrutecimento da sociedade. A moral não tem forma. A interioridade moral se sustenta sem forma. Seria possível até mesmo dizer: *quanto mais uma sociedade é moralizadora, mais impolida será*. Contra a moral informal e sem forma, é preciso se defender uma *ética das belas formas*.

Do duelo à guerra de drones

Em seu tratado *Homo Ludens*, Huizinga sublinha o caráter lúdico da guerra nas culturas arcaicas. Já as regras rígidas a elas vinculadas a aproximam do jogo. Huizinga não nega, é verdade, que havia nas sociedades arcaicas violência excessiva e assassinatos brutais, mas ele radica a guerra na esfera sacra do jogo: "Um pacto solene contendo as regras estabelecidas foi previamente depositado no templo de Artemisa. Nele eram indicados o momento e o local do combate. Eram proibidos todos os projéteis, dardos, flechas, ou fundas, sendo permitidas apenas a espada e a lança"[81]. Não apenas a proibição de determinadas armas, mas também a combinação de um lugar e uma hora da batalha sublinham o caráter lú-

---

81 Huizinga, *Homo Ludens*. Op. cit., p. 97.

dico da guerra arcaica. O campo de batalha é demarcado com estacas de madeira ou com ramos de árvore como um palco. Cuidava-se até mesmo para que pudesse haver uma confrontação frontal entre os lados combatentes.

Huizinga nota que a ritualização da guerra fora elevada essencialmente ao "nível ético"[82]. A troca de saudações polidas com o inimigo, algo característico do ritual das batalhas de dois lados, pressupõe um reconhecimento expresso do outro como adversário com os mesmos direitos. Lados em guerra enchem-se um ao outro com todo tipo de reverências. Trocam armas como presentes. No ritual em geral, reside uma capacidade ou faculdade de forma forte. A guerra como ritual da batalha de dois lados modera a violência, na medida em que impõe uma roupagem formal de regras rígidas de jogo. A violência dá lugar à paixão pelo jogo.

O duelo também é uma batalha de dois lados. Remete à batalha judiciária de dois lados nas culturas arcaicas. Nele reside uma dimen-

---

82 Id., p. 103.

são sacra. A decisão se parece com a de um juízo divino. *Diké* (em grego, direito) e *tykhé* (em grego, destino, acaso, providência divina) fluem aqui de um a outro. O duelo como forma moderna da batalha judiciária de dois lados também possui uma jurisdição. Antes do duelo, invoca-se inicialmente o assim chamado tribunal de honra. Não se distingue essencialmente do processo judiciário. Como uma batalha judiciária de dois lados, está submetido a regras rígidas de jogo. Atenta-se minuciosamente à simetria dos duelantes. O duelo assume uma forma de jogo ritual: "O lugar onde se trava o duelo é um lugar de jogo; as armas têm que ser exatamente idênticas, tal como em alguns jogos; há um sinal para começar e outro para terminar, e o número de golpes ou de tiros é delimitado"[83]. Quem se recusa a cumprir a reivindicação" de duelo é visto como desonrado e será expulso de sua posição. Nessa batalha ritual de dois lados não se trata de uma exterminação do outro, mas da honra. Os duelantes comprovam suas ho-

---

83 Id., p. 95.

norabilidades, suas "honras masculinas", na medida em que se colocam em luta, pondo suas vidas em jogo. Independentemente do seu resultado, o duelo reestabelece a honra. Depois do duelo, ambos duelantes são vistos pelo juízo da sociedade como homens honrados.

Segundo o código de honra dos cavaleiros, que cunhou de modo decisivo a imaginação europeia da honra militar, não é honroso atacar o inimigo sem se colocar a si mesmo em perigo. Honroso é apenas atacar o inimigo no campo de batalha. Desonroso é, em contrapartida, matar o inimigo de modo traiçoeiro, como envenená-lo, por exemplo. Importante para a equidade na guerra como batalha ritual de dois lados é sobretudo a simetria dos meios de batalha. Se meu opositor possui apenas uma espada, o uso de uma besta é condenável. Na história da guerra sempre houve a tentativa de limitar os meios de matar. Isso servia, como diria Carl Schmitt, para a circunscrição da guerra.

Em seu tratado *Da guerra*, Clausewitz define a guerra como uma batalha ritual de dois lados: "Não queremos aqui incursionar em apenas uma definição publicística e pedante da guerra, mas nos manter no seu elemento, na batalha de dois lados. A guerra não é outra coisa do que uma batalha de dois lados em grande escala"[84]. A guerra é uma batalha de dois lados disciplinada e dirigida por regras. É, segundo a conhecida fórmula de Clausewitz, a "política com outros meios"[85]. Nessa formulação a ênfase não está, como se assume habitualmente, nos "outros meios", na violência, mas na política. Porque a guerra permanece uma política é que é possível uma volta a ela e seus meios sem violência depois da guerra. As regras do jogo às quais os lados em guerra se comprometem zelam para que após a guerra permaneça espaço suficiente para a política. Assassinato irregular, a violência pura, em contrapartida, aniquila o espaço do político. A guerra como batalha de dois lados em grande escala se distingue fundamentalmente da operação militar que hoje cada vez

---

84 Carl von Clausewitz: *Vom Kriege*. Reinbek, 1984, p. 13.

85 Id., p. 22.

mais tem se degenerado em um assassinato indiscriminado.

Às guerras modernas falta totalmente o caráter de jogo. Aqui também vale a fórmula fundamental: *a coação de produção destrói o jogo*. As guerras modernas são uma *batalha da produção*. Assim, não são levadas a cabo por jogadores soberanos, mas por soldados na condição de escravos do trabalho: "Por isso, a impotência da guerra moderna, sobre a qual já falei: o superávit, multiplicado doentiamente de riqueza que não pode ser acumulada infinitamente e gasto com escravos que têm medo da morte e não podem jogar, é, pois, algo deplorável"[86]. Walter Benjamin também atribui à guerra moderna a lógica destrutiva da produção: "se a utilização natural das forças produtivas é bloqueada pela distribuição da propriedade, o melhoramento dos recursos técnicos, como a velocidade e as fontes de energia, urge em direção a uma utilização antinatural dessas forças. Esta está na guerra [...]. A guerra imperialista está determinada, em seus tra-

---

86 Bataille: *Die Aufhebung der Ökonomie*. Op. cit., p. 333.

ços mais terríveis, pela discrepância entre os imensos meios de produção e sua utilização insuficiente no processo de produção (em outras palavras, pelo desemprego e pela escassez de mercados de escoamento)"[87].

A tese de Marshall McLuhan de que "o meio é a mensagem" vale também para as armas como meio. O meio não é um mero portador de uma mensagem. Ao contrário, a mensagem é criada pelo próprio meio. O meio não é um recipiente neutro que transporta diferentes conteúdos. Ao contrário, um novo meio produz um conteúdo particular, por exemplo, uma nova percepção. A utilização de um meio de aniquilação completamente distinto não constitui, portanto, um problema puramente técnico. Ao contrário, modifica o caráter da própria guerra. O avião de bombardeio, assim, fez com que Carl Schmitt refletisse, já que sua utilização torna a guerra como batalha de dois lados impossível.

---

87 Walter Benjamin: *Das Kunstwerk im Zeitalter seiner technischen Reproduzierbarkeit. Gesammelte Schriften*. Volume 1. Frankfurt am Main, 1991, p. 508.

A confrontação frontal dos opositores em guerra reflete sua equiparação legal e também moral. O opositor é expressamente reconhecido como inimigo (*iustus hostis*). A utilização de avião de bombardeio, contudo, não permite mais o cara-a-cara. A superioridade em sentido topológico, ou seja, o estar sobre o opositor, gera uma outra atitude mental diante do inimigo. A assimetria do meio de aniquilação induz seu possuidor a uma outra avaliação do opositor. Ela o degrada em criminoso: O superior considera sua superioridade de armas como uma prova de sua *iusta causa* (causa justa), considerando o inimigo como um criminoso, pois não é mais possível perceber e efetuar o conceito de *iustus hostis*"[88]. O meio é, portanto, a mensagem. A superioridade técnica vira superioridade moral. Técnica e ética condicionam uma à outra.

O inimigo contra o qual se faz uma guerra não é um criminoso que se deve aniquilar a qualquer custo. É, ao contrário, muito mais um

---

88 Carl Schmitt: *Der Nomos der Erde im Völkerrecht des Jus Publicum Europaeum.* Berlim, 1950, p. 298.

opositor com os mesmos direitos, um adversário. Assim, cabe a ele os mesmos direitos. A guerra de drones pratica o auge da assimetria. A degradação e incriminação do opositor em criminoso é o pressuposto para o assassinato dirigido que se parece com uma ação policial. A guerra de drones suspende completamente a reciprocidade, a relação dual, constitutiva da guerra como batalha ritual de dois lados. O agressor exime-se totalmente de ser visto. E a tela não é presencial.

Matar pelo clique do mouse é uma caça de criminosos, mais brutal do que a caça selvagem. A caça é originalmente algo totalmente diferente de assassinato indiscriminado. Ela mesma está submetida a regras rígidas de jogo. Antes, durante e depois da caça, se performa rituais. Entre caçador e animal se mantém uma reciprocidade, uma simetria. O animal pode ser morto apenas cara a cara. Antes de matá-lo, ele deve ser propriamente "abordado". O animal não pode nunca ser morto dormindo. Solicita-se que acorde. Além disso, só pode ser ferido em determinados lugares.

É proibido, por exemplo, lesar os olhos do animal. O animal preserva, portanto, até o final seu olhar. Mesmo na caça a relação dual é mantida. O outro é o *visto*.

A assimetria total da guerra de drones torna o próprio conceito de guerra obsoleto. Carl Schmitt já fala, quanto à guerra aérea, de uma medida coercitiva: "À guerra de ambos os lados pertence uma certa chance de um mínimo de possibilidade de vitória. Quando isso cessa, então o opositor vira somente ainda objeto de uma medida coercitiva"[89]. A guerra como batalha ritual de dois lados é algo completamente diferente da medida coercitiva. É um jogo. A reciprocidade a distingue. O caráter de jogo se desvia completamente da guerra de drones como medida coercitiva, como caça de criminosos. A morte aqui é *produzida maquinalmente*. Os pilotos dos drones *trabalham* em camadas. Matar para eles é sobretudo um *trabalho*. Depois do serviço, recebem aos festejos um "scorecard" com um certificado de quantas pessoas eles assassinaram. Até mes-

---

89 Id.

mo no assassinato de pessoas o que conta é sobretudo o *desempenho*, tal como em qualquer outro trabalho. Algoritmos fomentam a *produção* maquinal da morte. O assassinato como operação dirigida por dados tem algo de pornográfico, de obsceno em si. O opositor se desfaz em dados. Um antigo chefe da CIA disse uma vez: "Matamos pessoas com base em metadados". O adversário como criminoso que deve ser aniquilado é somente uma soma de dados. A guerra de drones é um dataísmo da morte. Mata-se sem luta, sem dramaticidade, sem destino. Ela ocorre de modo maquinal na luz implacável dos fluxos de dados. Aspira-se a uma *transparência dataísta da morte*. A guerra que produz a morte é diametralmente oposta à guerra como batalha ritual de dois lados. Produção e ritual excluem-se mutualmente. A guerra de drones é o retrato de uma sociedade na qual tudo se tornou uma questão de trabalho, produção e desempenho.

Do mito ao dataísmo

Nas culturas arcaicas, não apenas a guerra mas também a transferência de conhecimento assumem formas lúdicas. Concursos sagrados de enigmas formam uma parte essencial do culto sacrificial. São tão importantes quanto a própria vítima do sacrifício. Dão vida e solidificam o mito como fundamento do saber de uma comunidade. É no jogo de enigmas que Huizinga suspeita estar os primeiros inícios da filosofia: "Os mais antigos filósofos se exprimem em tom profético e entusiasmante. Sua autoconfiança incondicionada é a do sacerdote que faz os sacrifícios ou do mistagogo. Os problemas com que se ocupam são os da origem última das coisas, de seus inícios (ἀφχή), do devir (φύσις). São sempre as mesmas velhas questões cosmogônicas, desde tempos imemoriais apresentados em forma de enigma e resolvidos através do mito"[90].

Nos gregos, a filosofia mostrava, em seus inícios, um caráter agônico. É um jogo, uma competição e uma disputa: "Está claro que o amante da sabedoria, desde as épocas mais remotas até aos últimos sofistas e retores, sempre assumiu todas as características do guerreiro. Desafiava seus rivais, submetia-os à crítica mais veemente, afirmando suas próprias opiniões como as únicas verdadeiras, com toda a autoconfiança juvenil própria do homem arcaico. Quanto ao estilo e quanto à forma, os exemplos mais antigos de filosofia possuem um caráter polêmico e agônico. Falam, invariavelmente, na primeira pessoa do singular. Quando Zenão de Eleia ataca seus adversários, fá-lo por meio de aporias — isto é, procura ostensivamente partir das premissas deles para chegar a duas conclusões contraditórias e que se excluem reciprocamente. A forma denuncia expressamente ainda fazer parte da esfera do enigma. Zenão pergunta: 'Se o espaço

90 Huizinga, *Homo Ludens*. Op. cit., p. 116.

é alguma coisa, o que pode existir nele?'. Para Heráclito, o 'filósofo obscuro', a natureza e a vida são um *griphos*, um enigma. Ele próprio é um decifrador de enigmas"[91]. Os sofistas encenam uma arte da disputa, um jogo de argúcia, no qual se trata de ludibriar o opositor com armadilhas. Problema, em grego *problemata*, significa originalmente a questão apresentada ao opositor para que este resolva. "Resolver" deve ser entendido aqui literalmente. Significa se libertar dos grilhões das armadilhas. O caráter agônico da filosofia ilustra o processo de mundo compreendido como disputa de opostos primevos. Para Heráclito, a guerra é o pai de todas as coisas. Segundo Empédocles, a amizade (em grego, *philia*) e o ódio (em grego, *neikos*) são os dois princípios primevos que determinam o andamento do mundo.

O diálogo platônico ainda apresenta também elementos lúdicos. O diálogo *O banquete* se estrutura como uma competição ritual. Os participantes do diálogo fazem uma apologia, na disputa, ao deus Eros. Platão fala aqui de

---

91 Id., p. 115s.

si mesmo como um árbitro: "Tu és um bufão, Sócrates, disse Agatão. Ponhamos, porém, de lado essa questão, e deixemos para depois a decisão sobre nossa sabedoria, recorrendo ao arbítrio de Dionísio. E agora trata de dirigir tua atenção para o jantar. Após dizer isso, então, me o disse, Sócrates igualmente se deitou e comeu como os outros; e então trouxeram a bebida a ser sacrificada, e, bebido o vinho, entoaram um hino a Deus e tudo mais que é habitual quando se põe a beber"[92].

No diálogo *Górgias*, Sócrates e Cálicles se comportam como se estivessem duelando. É mais um duelo do que um diálogo, mais uma confrontação do que uma discussão. Parece-se mais com uma batalha ritual de dois lados. Porta traços dramáticos. Entre as duas posições incomensuráveis sobre o poder e a justiça, não é possível também nenhuma mediação. Trata-se de ser vencedor ou vencido. Incomensurável é o caráter agônico do diálogo: "Quem lê o diálogo entende que um não

---

92 Platão, *Das Gastmahl* [O banquete], p. 175e–176a. Traduzido por F. Schleiermacher.

quer convencer o outro, mas que haja um vencedor e um vencido. Isso explica por que nesse diálogo os métodos de Sócrates não são mais honestos do que os de Cálicles. Aqui, os fins justificam os meios: trata-se de vencer, especialmente diante dos olhos dos jovens que presenciam a cena como testemunhas"[93]. Os diálogos de Platão apresentam traços teatrais. A "alegria do teatro"[94] determina o episódio lúdico.

A despeito dos elementos lúdicos incomensuráveis de seus Diálogos, Platão introduz a passagem do mito à verdade. Em nome da verdade, distancia-se do jogo ao qual os sofistas se dedicam. O Sócrates de Platão acusa-os de falta de seriedade: "Essas coisas são, então, uma brincadeira dos ensinamentos, e é por isso que eu digo que eles apenas jogam contigo. E chamo de jogo, no entanto, pelo seguinte: porque ainda que alguém aprendesse muitas ou mesmo todas as questões desse tipo, ainda

---

93 Alain Badiou, Slavoj Žižek: *Philosophie und Aktualität. Ein Streitgespräch.* Viena, 2012, p. 17.

94 Id., p. 18.

129

assim não saberia nada sobre como as coisas são, mas se tornaria capaz, graças à multivocidade das palavras, de jogar com as outras pessoas, passando-lhes uma rasteira e fazendo-as cair para trás, como aqueles que, puxando por baixo as banquetas dos que estão para se sentar, rejubilam-se e riem-se quando os veem caídos para trás sobre o traseiro"[95]. Os sofistas são estimados como aquele tipo de comediante que apenas se entrega ao jogo. O jogo, então, teve que ceder ao trabalho com a verdade.

É justamente este o mérito de Huizinga, o de ter extraído o caráter lúdico das ações humanas nas culturas arcaicas. Mas ele absolutiza o jogo e desconhece, desse modo, a mudança de paradigma decisiva na transmissão de conhecimento ocidental, a saber, a passagem do mito à verdade, a qual coincide com a passagem do jogo ao trabalho. À caminho do trabalho, o pensamento se distancia cada vez mais de sua origem como jogo.

---

95 Platão, *Euthydemos*, p. 278b–c. Traduzido por F. Schleiermacher. Versão brasileira: PLATÃO. *Eutidemo* Tradução de Maura Iglesias. Rio de Janeiro: Editora Puc-Rio; Edições Loyola, 2011, p. 53.

A desconfiança perante o jogo é intensificada no Esclarecimento. Kant submete o jogo ao trabalho. Sua estética também é determinada pelo primado do trabalho. Face ao belo, as faculdades do entendimento, ou seja, a faculdade de imaginação e do entendimento, ficam em modo lúdico. O belo apraz o sujeito, criando um prazer, pois estimula o concerto [*Zusammenspiel*] harmônico das faculdades do entendimento. Embora o belo não produza por si nenhum conhecimento, ele *entretém* o mecanismo do conhecimento. Desse modo, promove a produção de conhecimentos. Um puro jogo como fim em si perturba Kant profundamente. A música deve ser evitada, na medida em que é incapaz de estimular o "empreendimento do pensamento", pois "apenas joga com sensações"[96]. Por apenas jogar, não é compatível com o trabalho conceitual. As belas artes são preferíveis para Kant à música por isso, pois são compatíveis com o "empreendimento do pensamento", ou seja, com a

---

96 Immanuel Kant: *Kritik der Urteilskraft*. Werke in zehn Bänden. Op. cit., volume 8, p. 433.

produção de conhecimentos. Ao contrário da música, deslocam "a faculdade da imaginação em um jogo livre, porém ao mesmo tempo adequado ao entendimento". Assim, "ao mesmo tempo empreendem, na medida em que fazem um produto que serve como um veículo aos conceitos do entendimento"[97]. Kant fala aqui especificamente a palavra "produto" e, como sempre, de "empreendimento". O impulso lúdico da faculdade de imaginação deve ser restringido, para que esta posa se tornar prestável ao entendimento, à produção de conhecimentos. O jogo é submetido ao trabalho e à produção.

O Esclarecimento pressupõe a autonomia do sujeito do conhecimento. A "virada copernicana" de Kant é seu início. Ela quer dizer: não somos nós que nos giramos em torno das coisas, mas as coisas que devem se dirigir e ajustar a nós: "Trata-se aqui de uma semelhança com a primeira ideia de Copérnico; não podendo prosseguir na explicação dos movimentos ce-

---

97 Id.

lestes enquanto admitia que toda a multidão de estrelas se movia em torno do espectador, tentou ver se não daria melhor resultado fazer antes girar o espectador e deixar os astros imóveis. Na metafísica pode-se tentar, então, fazer coisa semelhante no que diz respeito à intuição dos objetos. Se a intuição tivesse de se guiar pela natureza dos objetos, não vejo como deles se poderia conhecer algo *a priori*; se, contudo, o objeto [*Gegenstand*] (enquanto objeto [*Objekt*] dos sentidos) se guiar pela natureza da nossa faculdade de intuição, posso conceber perfeitamente essa possibilidade"[98]. O conhecimento do mundo deve-se ao *a priori*, ou seja, à empiria anterior, a formas predeterminadas inerentes ao próprio sujeito do conhecimento. O idealismo kantiano repousa sobre a crença de que o sujeito humano é o senhor da produção do conhecimento. O universo de Kant está centrado no sujeito livre,

---

98 Immanuel Kant: *Kritik der reinen Vernunft*. Werke in zehn Bänden. Op. cit., volume 3, p. 25. Versão em português: KANT, Immanuel. *Crítica da razão pura*. 5ª edição. Tradução de Manuela Pinto dos Santos e Alexandre Fradique Morujão. Lisboa: Fundação Calouste Gulbenkian, 2001, p. 46.

autônomo como instância legislativa e modeladora do conhecimento.

Hoje se consuma em silêncio outra mudança de paradigma. À virada copernicana-antropológica que elevou o ser humano a produtor autônomo do conhecimento sucede a *virada dataísta*. O ser humano deve se regular pelos dados. Ele abdica de ser produtor de conhecimento, entregando sua soberania aos dados. O dataísmo põe um fim no idealismo e no humanismo do Esclarecimento[99]. O ser humano não é mais um sujeito soberano do conhecimento, artífice do saber. *O saber é produzido, então, apenas maquinalmente.* A produção de saber por dados ocorre sem o sujeito ou a consciência humanos. Quantidades descomunais de dados suplantam o ser humano de sua posição central como produtor de saber. Ele mesmo se atrofia em um conjunto de dados, um registro, uma medida calculável, previsível, governável.

---

99 Sobre dataísmo e Big Data, ver: Byung-Chul Han, *Psychopolitik*. Neoliberalismus und die neuen Machttechniken. Frankfurt am Main, 2014.

O saber produzido por Big Data se despoja dos conceitos. É por demais módica a capacidade das faculdades do conhecimento humanas. Processadores são mais rápidos do que os humanos justamente por isto, pois não pensam ou concebem, somente calculam. Dataístas afirmariam que o humano inventou o pensamento porque não é capaz de calcular rápido o suficiente; para eles, o pensamento terá sido apenas um curto episódio.

Da transparência como imperativo dataísta parte a coação de converter tudo em dados e informações, quer dizer, em visível. É uma *coação da produção*. A transparência não considera que o ser humano é livre, somente os dados e as informações o são. É uma forma de domínio eficiente, na qual a comunicação total e a vigilância total viram uma coisa só. O domínio se oferece como liberdade. Big Data gera um saber que torna possível o domínio intervir na psique humana e dirigi-la. O imperativo dataísta da transparência não é, visto desse modo, uma continuação do Esclarecimento, mas seu fim.

A coação de produção destrói o espaço para jogos e narrativas. O trabalho algoritmo do cálculo não é narrativo, mas meramente aditivo. Pode ser, por isso, acelerado à vontade. O pensamento, em contrapartida, não permite qualquer aceleração. Teorias apresentam ainda traços narrativos. Algoritmos calculam, mas não contam. A passagem do mito para o dataísmo é a passagem do conto para o cálculo puro. O dataísmo torna a produção de saber pornográfica. Pensar é mais erótico do que fazer contas. É, além disso, o Eros que dá asas ao pensamento: "Chamo-o Eros, o mais antigo dos deuses segundo o dito de Parmênides. O bater de asas de um Deus como esse me comove toda vez que eu faço um passo essencial no pensamento e me aventuro no desconhecido"[100]. Sem Eros, os passos do pensamento se degradam em passos de conta, ou seja, em passos de trabalho. O cálculo é nu, pornográfico. O pensamento veste *figuras*. Não rara-

---

100 Martin Heidegger: *Briefe Martin Heideggers an seine Frau Elfriede 1915–1970*. Munique, 2005, p. 264.

mente é floreado. O cálculo, em contrapartida, segue um trilho linear.

O pensamento tem um caráter lúdico. Sob a coação do trabalho e da produção, aliena-se de sua essência: "O pensamento, que o trabalho e a coação fundaram, faliu; depois de atribuir um papel monstruoso que se conhece bem demais ao trabalho, ao útil, está na hora de o pensamento livre se lembrar que ele é, em seu mais profundo, um jogo [...]"[101]. Pelo caminho do mito ao dataísmo, o pensamento perde completamente seu elemento lúdico. Aproxima-se do cálculo. Os passos do pensamento não são, contudo, passos de conta que continuam o igual. São, na verdade, lances de jogo ou passos de dança que produzem algo completamente outro, um ordenamento completamente outro das coisas: "Todos nós somos jogadores; quer dizer, temos muita esperança de que de vez em quando as cadeias

---

101 Georges Bataille: "Spiel und Ernst", in: Johan Huizinga, *Das Spielelement der Kultur*, K. Ebeling (org.), Berlim, 2014, p. 75–111. Aqui, p. 111.

racionais, lentamente preparadas, se resolvam, resultando, mesmo que apenas por um tempo curto, em um decurso inteiramente outro do ordenamento, um maravilhoso se-precipitar dos acontecimentos [...]"[102].

---

102 Jean Baudrillard: *Von der Verführung*. Op. cit., p. 188.

Da sedução ao pornô

A sedução provém sem sexo. Este está completamente ausente no *Diário de um sedutor*, de Kierkegaard. O ato sexual, sobre o qual ali nunca se fala expressamente, tem um papel subordinado na dramaturgia da sedução. A sedução é um jogo. Pertence à ordem do ritual. O sexo, ao contrário, é uma função. Está assentado na ordem do natural. A sedução é estruturada como um ritual de batalha de dois lados. Tudo se passa em uma "ordem verdadeiramente litúrgica do desafio e do duelo"[103]. Kierkegaard compara a sedução com a esgrima: "Tenha cuidado, um olhar assim, de baixo para cima, é mais perigoso que um olhar *geradeaus* [direto]. É como na esgrima – e que arma haverá tão afiada, tão aguda, tão brilhante no

---

103 Id., p. 157.

seu movimento, e graças a tudo isto, tão perigosa, como um olhar? Marca-se uma quarta alta, como diz o esgrimista, apara-se em segunda; quanto mais prestes a chegar está o ataque, tanto melhor. Quem poderá descrever tal instante? O adversário quase sente o golpe, é tocado, sim, é verdade, mas tocado num ponto muito diferente do que esperava..."[104].

Como um duelo, a sedução implica lidar de modo lúdico com o poder. Ao fazer isso, deve-se tomar distância da concepção corrente de que o poder seria repressão, de que ele seria algo negativo ou mau. O poder não é apenas repressivo, mas também sedutivo, erótico. A reciprocidade caracteriza o jogo com o poder. É assim que Foucault interpreta o poder de uma perspectiva do desejo econômico: "O poder não é o mau. Poder significa: jogos estratégicos. Sabe-se muito bem que o poder

---

104 Søren Kierkegaard: *Tagebuch des Verführers*. Zurique 2013, p. 35-36. Versão brasileira: KIERKEGAARD, Søren; GRIFO, Carlos.; MARINHO, Maria José.; MONTEIRO, Adolfo Casais. *Diário de um sedutor; Temor e tremor; O desespero humano*. São Paulo: Abril Cultural, 1979. XIV, (Os pensadores), p. 44-45.

não é o mau. Tome por exemplo a relação sexual ou amorosa: em um tipo de jogo estratégico aberto, no qual as coisas podem virar do avesso, exercendo poder nos outros, não é nada ruim, é parte do amor, da paixão, do desejo sexual"[105].

A paixão pressupõe uma distância cênica, lúdica, que me tire da minha psicologia. A intimidade do amor já abandona a esfera da sedução. É o fim do jogo e o começo da psicologia e do compromisso. Desconfia das cenas. A erótica como sedução é algo diferente da intimidade do amor. O lúdico se perde na intimidade. A sedução repousa na *extimidade*, na *exterioridade do outro* que se despoja. É constitutivo para a sedução a *fantasia pelo outro*.

O pornô finalmente sela o fim da sedução. Nele, o *outro* está completamente liquidado. O desejo pornográfico é narcísico. Nasce no consumo imediato do objeto oferecido e desvelado. Hoje se expõe não só a alma como

---

105 Michel Foucault: *Freiheit und Selbstsorge*. Interview 1984 und Vorlesung 1982, H. Becker (org.), etc. Frankfurt am Main, 1985, p. 25-26.

também o sexo. A perda de qualquer capacidade de ilusão, de aparência, de teatro, de jogo, de espetáculo, este é o triunfo da pornografia.

O pornô é um fenômeno da transparência. A era da pornografia é a da inteligibilidade. Hoje, não temos mais acesso a fenômenos como o mistério e o enigma. Ambiguidades ou ambivalências já nos causam mal-estar. Até mesmo o *Witz* é banido devido à sua ambiguidade. A sedução pressupõe a negatividade do mistério. A positividade da inteligibilidade só permite a condução do procedimento. Até mesmo ler assume hoje uma forma pornográfica. O desejo no texto se assemelha ao do strip-tease. Provém de uma revelação progressiva da verdade como sexo. E nesse interim, já não lemos mais poesia. Em oposição aos enredos policialescos amados hoje em dia por todos, não contém uma verdade final. Poesias jogam com a falta de nitidez, de definição clara. Não permitem uma leitura pornográfica, uma nitidez pornográfica. Resistem à *produção de sentido*.

O *Political Correctness* [politicamente correto] também reprova as ambiguidades: "As práticas 'politicamente corretas' [...] reclamam transparência e a renúncia das ambiguidades a fim de por em vão [...] a áurea retórica tradicional e emocional da sedução"[106]. Ambiguidades são essenciais para a linguagem da erótica. A rigorosa higiene da língua pelo politicamente correto põe um fim na sedução erótica. A erótica hoje se desmoraliza tanto pelo pornô, quanto também pelo politicamente correto.

A coação de produção e de desempenho compreende hoje todos os âmbitos de vida, a sexualidade inclusa. Produzir significa originalmente exibir e tornar visível. No pornô, o sexo é produzido, exibido, apanhado em uma visibilidade total. No pornô dos dias de hoje, até mesmo a ejaculação não ocorre no oculto. É igualmente produzida. O resultado final do desempenho não deve permanecer ocultado. Quanto mais farto se precipita o produto, mais capaz de desempenho é seu produtor. Ele se produz diante dos olhos de sua parceira como

---

106 Eva Illouz: *Warum Liebe weh tut*. Eine soziologische Erklärung. Berlim, 2011, p. 345-346.

coprodutora do processo pornográfico. O ato sexual no pornô atual ocorre de modo maquinal. O princípio do desempenho abrange também o sexo. Funcionaliza o corpo em uma máquina sexual. Sexo, performance, desempenho, libido e produção vão de mãos dadas. Baudrillard atribui a coação da ejaculação à coação de produção: "Adotamos uma atitude incompressível e ligeiramente compassiva em relação a culturas para as quais a sexualidade não é um fim em si mesmo, para as quais ela não possui essa gravidade mortal de uma energia libertadora, a seriedade de uma ejaculação coercitiva, de uma produção a qualquer custo, de uma contabilidade higiênica do corpo. Nessas culturas, o longo transcurso da sedução e da sensualidade se conservaram, nos quais a sexualidade é apenas uma função entre outras, um procedimento longo de dar e de receber em troca, enquanto o próprio ato de amor não passa de um ponto final eventual dessa reciprocidade, que é escandido até um ritual indispensável"[107].

---

107 Jean Baudrillard: *Von der Verführung*. Op. cit., p. 58.

Hoje, o jogo intensivo no tempo da sedução tem sido cada vez mais abolido em prol da satisfação imediata do desejo. Sedução e produção não se toleram: "Somos uma cultura da *ejaculatio praecox*. Tem desaparecido cada vez mais qualquer sedução, todas as convenções e os costumes da sedução, que constituem um processo extremamente *ritualizado*, em prol de um imperativo sexual *naturalizado*, em prol de uma realização imediata e imperativa do desejo"[108]. Jogar e atuar é algo completamente diferente de satisfazer um desejo. A libido é hostil ao lúdico, constituindo um fenômeno do capital no âmbito do corpo. O capital não apenas cria o corpo enérgico como força de trabalho, como também o corpo impulsivo como força sexual. Libido e impulso são formas de produção. São opostas à forma da sedução.

O pornô pode ser generalizado em dispositivo neoliberal. Sob a coação da produção, tudo é exibido, posto às claras, desnudado e exposto. Tudo fica à mercê da luz implacável

---

108 Id.

da transparência. A comunicação vira pornográfica ao se tornar transparente, quando é polida em um intercâmbio acelerado de informações. A linguagem vira pornográfica ao não *jogar* mais, ao apenas transportar informações. O corpo vira pornográfico ao perder todo e qualquer caráter cênico e apenas funcionar. Ao corpo pornográfico falta qualquer simbólica. O corpo ritualizado é, ao contrário, um palco suntuoso, no qual se inscrevem mistérios e divindades. Os sons também viram pornográficos ao perderem qualquer sutileza e discrição, tendo que produzir apenas afetos e emoções. Há nos apetrechos digitais de edição de trilha sonora a posição *In your face*. Ela zela para uma imagem sonora imediata. Os sons derramam-se diretamente na face: um *facial*. As imagens ficam pornográficas ao afetarem, aquém da hermenêutica, o olhar, como o sexo. Pornográfico é o contato imediato, a *copulação* de imagem e olhar.

Vivemos hoje em um tempo pós-sexual. O excesso de visibilidade, a *superprodução* pornográfica do sexo põe-lhe um fim. O pornô destrói a sexualidade e o erótico de modo de modo mais eficaz do que a moral e a repressão. O filme *Ninfomaníaca* de Lars von Trier anuncia o tempo pós-sexual. Em uma recensão, isso foi chamado assim: "Tão boa quanto, a mensagem do filme poderia ser: 'Forget about sex' [esqueça do sexo]. Pois em nenhum momento o filme exibe a sexualidade de um jeito sedutivo. É pornográfico, pois compele o espectador a assistir minuciosa e demoradamente o que é oferecido de modo imediato. Mas aquilo que se dá a observar é rugoso, curvo, peludo e amarelo-cinza, ou seja, quase tão atraente quanto o órgão sexual de qualquer outro mamífero"[109]. Carne em latim é *caro*. Na era pós-sexual, a pornografia se recrudece em *carografia*. Não é a negatividade da interdição, proibição ou privação, mas a *positividade da superprodução* que aniquila a sexualidade. É o excesso de positividade que distingue a patologia da sociedade contemporânea. Não é o pouco, mas o muito que a faz doente.

---

109 Süddeutsche Zeitung de 27/12/2013.

Bibliografia

AGAMBEN, Giorgio. *Das unsagbare Mädchen*. Mythos und Mysterium der Kore. Frankfurt am Main, 2012.

_____. *Nacktheiten*. Frankfurt am Main, 2010.

_____. *Profanierungen*. Frankfurt am Main, 2005.

ARENDT, Hannah. *Vita activa oder Vom tätigen Leben*. Munique, 2002.

BADIOU, Alain & ŽIŽEK, Slavoj. *Philosophie und Aktualität*. Ein Streitgespräch. Viena, 2012.

BARTHES, Roland. *Das Neutrum*. Frankfurt am Main, 2005.

_____. *Das Reich der Zeichen*. Frankfurt am Main, 1981.

BATAILLE, Georges. "Spiel und Ernst", in: Johan Huizinga, *Das Spielelement der Kultur*, K. Ebeling (org.), Berlim, 2014, p. 75–111.

_____. *Die Aufhebung der Ökonomie*. Munique, 2001.

BAUMAN, Zygmund. *Retrotopia*. Berlim, 2017.

BAUDRILLARD, Jean. *Das Andere selbst*. Habilitation. Viena, 1987.

_____. *Der symbolische Tausch und der Tod*. Berlim, 2011.

_____. *Die göttliche Linke*. Munique, 1986.

_____. *Die fatalen Strategien*. Munique, 1991.

_____. *Von der Verführung*. Munique, 1992.

BENJAMIN, Walter. *Das Kunstwerk im Zeitalter seiner technischen Reproduzierbarkeit. Gesammelte Schriften*. Volume 1. Frankfurt am Main, 1991.

CLAUSEWITZ, Carl von. *Vom Kriege*. Reinbek, 1984.

DELEUZE, Gilles & GUATTARI, Félix. *Tausend Plateaus*. Kapitalismus und Schizophrenie. Berlim, 1993.

DOUGLAS, Mary. Ritual, Tabu und Körpersymbolik. Sozialanthropologische Studien. In: *Industriegesellschaft und Stammeskultur*. Frankfurt am Main, 1974.

DURKHEIM, Émile. *Die elementaren Formen des religiösen Lebens*. Berlim, 2017.

FOUCAULT, Michel. *Ästhetik der Existenz*. Schriften zur Lebenskunst. Frankfurt am Main, 2007.

_____. *Die Ordnung der Dinge*. Frankfurt am Main, 1974.

_____. *Freiheit und Selbstsorge*. Interview 1984 und Vorlesung 1982, H. Becker (org.), etc. Frankfurt am Main, 1985.

GADAMER, Hans-Georg. *Die Aktualität des Schönen*. Kunst als Spiel, Symbol und Fest. Stuttgart, 1977.

GARCIA, Tristan. *Das intensive Leben*. Eine moderne Obsession. Berlim, 2017.

GENNEP, Arnold van. *Übergangsriten*. Frankfurt am Main, 1999.

HAN, Byung-Chul. *Hyperkulturalität*, Kultur und Globalisierung. Berlim, 2005.

_____. *Psychopolitik*. Neoliberalismus und die neuen Machttechniken. Frankfurt am Main, 2014.

_____. *Topologie der Gewalt*. Berlim, 2011.

HANDKE, Peter. *Phantasien der Wiederholung*. Frankfurt am Main, 1983.

HEGEL, Georg Wilhelm Friedrich. *Werke in zwanzig Bänden*. E. Moldenhauer e K. M. Michel (orgs.) Frankfurt am Main, 1970.

HEIDEGGER, Martin. *Briefe Martin Heideggers an seine Frau Elfriede 1915–1970*. Munique, 2005.

_____. *Unterwegs zur Sprache*. Pfullingen, 1959.

HUIZINGA, Johan. *Homo Ludens*. Vom Ursprung der Kultur im Spiel. Hamburgo, 1956.

ILLOUZ, Eva. *Warum Liebe weh tut*. Eine soziologische Erklärung. Berlim, 2011.

JASPERS, Karl. *Philosophie III*, Metaphysik. Berlim, Heidelberg, 1973.

KANT, Immanuel. *Werke in zehn Bänden*. Wilhelm Weischedel (org.). Darmstadt, 1983.

KERÉNYI, Karl. *Antike Religion*. Stuttgart, 1995.

KIERKEGAARD, Søren. *Die Wiederholung*. Hamburgo, 1961.

_____. *Tagebuch des Verführers*. Zurique, 2013.

KOJÈVE, Alexandre. *Hegel*. Eine Vergegenwärtigung seines Denkens. Frankfurt am Main, 1975.

_____. Überlebensformen. Berlim, 2007.

LAFARGUE, Paul. *Das Recht auf Faulheit*: Widerlegung des "Rechts auf Arbeit" von 1848. Berlim, 2013.

LÉVINAS, Emmanuel. *Totalität und Unendlichkeit*. Versuch über Exteriorität. Freiburg, Munique, 1987.

MARX, Karl. Deutsche Ideologie. In: *MEW*, Volume 3. Berlim, 1990.

_____. Ökonomisch-philosophische Manuskripte. In: *MEW*, Volume 40. Berlim, 1990.

NÁDAS, Péter. *Behutsame Ortsbestimmung*. Zwei Berichte. Berlim, 2006.

NOVALIS: *Schriften*. P. Kluckhohn e R. Samuel (orgs.). Volume 1. Stuttgart, 1960.

PFALLER, Robert. *Die Illusionen der anderen*. Über das Lustprinzip in der Kultur. Frankfurt am Main, 2002.

_____. *Das Schmutzige Heilige und die reine Vernunft*. Symptome der Gegenwartskultur. Frankfurt am Main, 2008.

ROSA, Hartmut. *Resonanz*. Eine Soziologie der Weltbeziehung. Berlim, 2016.

ROSENZWEIG, Franz. *Der Stern der Erlösung. Gesammelte Schriften*. Volume 2. Hanau, 1976.

SAINT-EXUPÉRY, Antoine de. *Die Stadt in der Wüste*. Citadelle. Frankfurt am Main, 1996.

SCHMITT, Carl. *Der Nomos der Erde im Völkerrecht des* Jus Publicum Europaeum. Berlim, 1950.

SENNETT, Richard. *Verfall und Ende des öffentlichen Lebens*. Berlim, 2008.

TAYLOR, Charles. *Das Unbehagen an der Moderne*. Frankfurt am Main, 1995.

TÜRCKE, Christoph. *Hyperaktiv!* Kritik der Aufmerksamkeitsdefizitkultur. Munique, 2012.

Para ver os livros de
BYUNG-CHUL HAN

publicados pela Vozes, acesse:

livrariavozes.com.br/autores/byung-chul-han

ou use o QR CODE

Conecte-se conosco:

f facebook.com/editoravozes

◉ @editoravozes

𝕏 @editora_vozes

▶ youtube.com/editoravozes

☎ +55 24 2233-9033

www.vozes.com.br

Conheça nossas lojas:

www.livrariavozes.com.br

Belo Horizonte – Brasília – Campinas – Cuiabá – Curitiba
Fortaleza – Juiz de Fora – Petrópolis – Recife – São Paulo

EDITORA VOZES LTDA.
Rua Frei Luís, 100 – Centro – Cep 25689-900 – Petrópolis, RJ
Tel.: (24) 2233-9000 – E-mail: vendas@vozes.com.br